バカ上司の取扱説明書

古川裕倫

SB新書
447

はじめに

その場限りの対処よりも、この先もずっと困らなくするほうが大事

人生は自分が思うよりはるかに短い。これは、社会人生活を40年送ってきて思った、私の実感でもあります。ですから、いつかやりたい！と思っていたら時すでに遅しなのです。人生、自分がやりたいことをやればいいと思います。これが自分の一番の幸せにつながります。

ただ、一生遊んで暮らせる人はそうそういないでしょうから、仕事もしないといけない。だったら、自分にとって「やりたい仕事」「やりがいのある仕事」を楽しくすればいい。

とはいえ、社会や会社にはいろんな人がいます。上司も千差万別であり、中には運悪く、ひどい上司と働かなくてはいけない場面もあります。そんな時に、それなりの対処法を持っていることは、精神衛生上にも意味があります。

そのためか、こんなひどい上司がいるだとか、目の前のひどい上司の対処法を伝える書籍も驚くばかりにたくさん出版されているようです。ただ、**その多くはひどい上司の分類をしているだけで、根本的な対処法を示すものは多いとは思えず、対処法もほとんどがその場その場の短期的対処法を教えるものではないかと思います。**例えば、「こんな上司にこう言われたら、こう答える」などの身のかわし方や逃げ方の指南に止まっているのです。

しかし**残念ながら、中長期的な視野に立って根本的な考え方を書いたものには、ほとんどお目にかかっていません。**確かに、ひどい上司に賢く振る舞うスキルも必要でしょうが、一時避難的なものばかりでは本当にこの先もずっと楽しい仕事人生が送れるのでしょうか。

野球では「いかにデッドボールを避けるか」を知っていないといけないでしょうが、果たしてそれで十分でしょうか。そうではなくて、「デッドボールも投げてくる投手から、いかにクリーンヒットを打つか」ということを考え、打てるバッターにならないと楽しい人生は送れないのではないかと思います。

そうなるには何をしないといけないでしょうか。

時には自分の考え方を変えることや、（ひどい上司を含めて）たくさんの人から高く評価される人となるのが一番の近道だと、私は考えています。

実力をつけて、会社の仲間や取引先から信頼されるように自分を変えていけば、ひどい上司も部下に対して行動を変えてきます。ひどい上司は部下のことは親身になって考えていなくても、自分の立場は過剰に大切にしていて、周りの目を気にするからです。

できる部下を頭ごなしに怒ったり、意味不明な指示を出してばかりだと、だんだん上司も自分の立場がなくなってきます。**結果として、ひどい上司の問題行動は減ってくる**のです。また、部下に一目置かざるを得なくなります。

一方で、ひどい上司の仕打ちにさらされていた部下のほうも、ひどい上司の存在が気にならなくなっていきます。自分の実力を上げ周りからの評価が高まると、ひどい上司のことも些細《ささい》なことと思えてくるからです。

本書では、まず「デッドボールの避け方」をご紹介します。さらには、部下からどう思われているか悩む上司のためにも参考となるコメントを加えさせていただきます。それぞれ違った立場を理解する材料として、大いに活用してください。

その後、「ひどい球が飛んでくる中でも、クリーンヒットを打てる人材」になるための

ヒントもご紹介します。クリーンヒットが打てるようになれれば、どんな上司、どんな環境でもしのいでいけるビジネスパーソンになれるからです。

ひどい上司を理由に会社を辞める。実はそれ、大間違いであることも……

私は、46歳の時に23年間勤めた会社を辞めて、転職しました。その後も一度転職しましたが、自分としては十分満足しており、悔いはまったくありません。

定年まで勤め上げることも素晴らしいことだと思うし、一度しかない人生、転職することもまったく構わないと思います。繰り返しですが、人生でやりたいことをすればいいと思います。

ところで、最近は大卒新人の3割が3年以内に会社を辞めるといいます。辞める理由の代表的なものは以下の通りです。

- その会社で、人間関係に対する不満がある

・その会社で、仕事に対する自分の能力への不安がある
・その会社の将来が不安
・その会社で、自分のキャリアプランが描けそうにない

あえて「今の会社」ではなく「その会社」と書きました。というのは、単に「次の会社」に移るだけで、これらの不満が解消されるか疑問であるからです。何が言いたいのかというと、辞める本人たちにとっては「今の会社」に不満があるのでしょうが、冷静に俯《ふ》瞰《かん》すると残念ながら、「今の会社」ではなく「次の会社」や「さらに次の会社」にも不満を抱く可能性が高いようにも思えるのです。

自分の経験を積みステップアップしていけるなら転職もいいですが、ここが嫌という理由だけでの転職は成功するでしょうか。

転職前に与えられた仕事をちゃんとこなし、スキルを上げて成長しているならいい。達成感や満足感を伴うような仕事を経験して、実力をつけて、転職すべきだと思います。

特に、1つ目に書かせていただいた**「人間関係に対する不満」を主な理由としての辞職**

については、注意が必要です。さらにいえば、この「人間関係」という表現は、「上司とうまくいかない」ということに尽きます。

多くの会社の幹部や人事部と話し合って私がたどりついた結論になるのですが、部下や同僚とうまくいかないから辞めるという話はほとんど聞いたことがありません。人間関係とは、ズバリ「上司」との関係です。

「ひどい上司がいるから辞める」というのは一番もったいないと強く思います。

理由は簡単。どこの会社にもどんな職場にもひどい上司はいるからです。転職や部署異動をしても、ひどい上司から逃げられる保証はどこにもないのです。もっといえば、さらにひどい上司に遭遇してしまうことだってあり得ます。

詳細は本編に譲りますが、ひどい上司への対策はたくさんあります。

私は大学卒業後、三井物産という商社で23年間勤務しました。平社員から始まり、中間管理職も経験しました。その後、エンタメ業界のホリプロに移り、役員を経験しました。そして現在は独立し、企業の社外取締役も務めています。

多くの役職・立場を経験してきているので、上司や部下の気持ち、上司と部下の関係などをたくさん観察してきました。そんな私の社会人経験を総動員して、この1冊にまとめています。

本書に載せたひどい上司への対策を身につけることで、残念な結果に終わる退社や異動を食い止めるのはもちろんのこと、楽しくやりがいがある幸せなキャリアライフが描ければ、著者としてこれ以上の幸せはありません。

古川裕倫

目次

第2章 ひどい上司の問題点と対策

~とにかく今の困った現状の打破が先決!~

第3章 得をするための部下の心得

~逃げてばかり、対処してばかりでも進歩はない。
大事なのは、どこに行っても困らない力をつけておくこと~

第4章 攻撃されないように信頼を築く
～攻撃されない部下になる究極の答えは、「信頼される人」になること～

第5章 丸腰で戦うのはアホ。入念な準備をするのが賢い

~どうしても戦わないといけない時は、どうするか？~

第6章 会社人人生を楽しむ方法

～そもそも仕事とは、上司のためではなく、自分のためにするものである～

おわりに

第1章

ひどい上司はどこにでもいる

~まずは敵を知る。ひどい上司には大きく3つのタイプが存在する~

ひどい上司は3タイプに分類でき、それぞれに対して対応を変える必要がある

非の打ち所がない、素晴らしい上司ばかりという職場なんてあり得るのでしょうか。多かれ少なかれ、どんな職場でも上司に対する不平不満は必ず存在します。どこの会社でもいつの時代でもさまざまな悩みが存在しますが、「だから仕方がない」と諦めようとしても諦めきれないし、「仕方がない」と諦めても自分の仕事の能率が上がるわけでもありません。

本書では、上司を次の3つに分類します。

- **「イヤな上司」……威張る、ゴマをするなど主に「性格」の問題を抱える上司**
- **「ダメ上司」……決断力がない、記憶力に乏しいというような業務遂行「能力」の問題を抱える上司**
- **「バカ上司」……責任を取らないなどという、仕事への「姿勢」の問題を抱える上司**

そして、「イヤな上司」「ダメ上司」「バカ上司」を総称して「ひどい上司」としていま

す。本書のタイトルは『バカ上司の取扱説明書』ですが、「イヤな上司」「ダメ上司」「バカ上司」のすべてに対してどうすればいいのかは本書で解説しますので、ご期待ください。タイトルを『バカ上司の取扱説明書』としましたのは、ひどい上司の中でも特に厄介な「バカ上司」を大きく問題視しているため、そのようにしました。

結論を言うと、「イヤな上司」と「ダメ上司」は、工夫をしたりある程度の我慢をすればうまく乗り切ることが可能ですし、そうしていただきたいと思っています。

一方で「バカ上司」とは、ちょっとやそっとのことをした程度では、根本的な解決に至らないことも多いのです。時に戦わないといけないのですが、その戦い方も本書の後半で（P161からの第5章でしっかりと）ご紹介します。

【ひどい上司その1】性格に問題がある「イヤな上司」

その3つの分類をもう少し詳細に見てみましょう。

まずは「イヤな上司」。仕事ができる人でもイヤな上司がいます。

例えば、部下を強引に飲みに連れ出して説教ばかりする上司。おもしろくないダジャレを言って、自分だけ笑っている上司。カラオケ屋で唯我独尊となっている上司はたまったものではない。嫌がっている部下に「歌え」と命じて、おまけにその批評までする。

髪の毛や背広の肩にフケがついているとか、ワイシャツがクシャクシャでその襟元が汚い、清潔感がない上司。また、額がいつもギラギラ脂ぎっているような上司。こういう上司は、当然ながら、部下や周りから気持ち悪いと思われ、敬遠されます。

これらの上司は、仕事うんぬんではなく、一緒にいること自体が不愉快です。

他にも、暗い上司、威張る上司、怒りっぽい上司、ヒステリックな上司、人をバカにする上司、自己中心的な上司、わがままな上司など……。これらはすべて「イヤな上司」で、**主に性格的な問題に起因しています。**

イヤな上司であるかどうかは、部下や周りから見て嫌かそうでないかの感じ方の問題です。イヤな上司についていこうと思う部下は少なく、当然そんな上司は人望が薄いのです。

ただし、「イヤな上司＝仕事ができない」というわけではありません。

確かに嫌なところがあってもここ一番の仕事ができることもあり、そんな上司の仕事の進め方に学べるところもあるかもしれません。

自分の好みのタイプではなくても、乗り越えることはできます。

【ひどい上司その２】能力に問題がある「ダメ上司」

「ダメ上司」とは、端的に言って仕事の能力に問題がある上司。成果が出せなかったり、仕事をやり遂げることができなかったりする上司です。

ダメ上司は、会社で部下や周りから信頼が薄い。仕事ができない人なので他人から信頼されない。具体的に言うと、聞いていても理解力がない、説明ができない、言い訳が先行する。あるいは、自分の立場を理解していない、軸がぶれる、物事を決められない、といった上司たちです。世の中では、これらの人のことをよく「頭が悪い」と言いますが、正確に言うと仕事の遂行能力が低いということ。

残念ながら、日本にはこのタイプの上司がたくさんいます。往々にして、年功序列制度の負の落とし子であり、年数を重ねて実力以上の役職に就いてしまった人たちです。

もっとも、**「ダメ上司」であっても人間性に優れているケースもあります。**部下や同僚から「仕事ができない人」とは思われていても「でも、いい人」とか「でも、優しい」と付け加えてもらえる人がいます。ダメ上司とは、嫌いとか好きだとかの人間性の問題ではなく、仕事の能力が低い人です。

いい提案をしても理解しない、行動しない、もう1つ上の上司を説得できない、そんなダメ上司にイラっとすることもあるでしょう。本来上司は、仕事ができてナンボであるからです。

しかし、**ここは前向きにとらえて、仕事の遂行能力が低い上司をアシストするのも部下の仕事と割り切っていただきたい**と思います。部下でありながら上司のやるべき業務という今の立場以上の仕事をするわけですから、グッとスキルが上がると思えば、少しは前向きに取り組めるかと思います。

【ひどい上司その3】姿勢に問題がある「バカ上司」

「バカ上司」とは、性格や能力の問題ではなく、仕事に対する姿勢そのものに問題がある上司です。

自分の欠点や弱点に気づいていない「ダメ上司」はまだかわいいところがありますが、**自分で欠点や弱点に気づいていてもそれを改めないのは「バカ上司」**です。

気づいているのに改めないのは、会社に対して背反行為をしているのと同じことです。なぜならば、会社の運営を食い止めており、職場環境を悪化させているから。

さらに列挙すれば、自分の立場をよくするために意図的に余計なことをする上司、同じく自分の立場をよくするために会社としては必要であるとわかっていることを行わない上司、人の話や提言を聞こうという姿勢を持たない上司、部下にあえて説明をしない上司、自分の立場が危うくならないように部下を教育しない上司、権力主義一辺倒の上司、責任を取らない上司、上ばかりを見ている上司などなどは、「バカ上司」のカテゴリーに当てはまります。

以上のように、バカ上司がバカ上司たる所以《ゆえん》は、性格や能力に起因するのではなく、仕事に対する姿勢に問題があるのです。

まとめますと、

「イヤな上司」は、性格や行動が好かれない上司。

「ダメ上司」は、例えば、業務遂行能力が低い上司。部下の話を聞くことは大切と思っていても、理解力が足らないなど。

そうではなくて、**そもそも部下の言うことなど聞く必要がないと思い込んでいるのが「バカ上司」。**


イヤな上司やダメ上司は、まだ救いようがあります。たとえ性格的にウマが合っていなくても、もしくは何度も説明するのが面倒であっても、会社の一大事となれば、部下はそんな上司も動かし、協力するものです。

一方で、仕事に対する姿勢が間違っているバカ上司には、部下はそんな気持ちになれません。一大事となれば、その上司と一戦を交えるか、バカ上司をすっ飛ばしてその上の上司に話しに行くしかありません。

結論として、イヤな上司やダメ上司は、我慢を含めてうまく乗り切ってほしいと思いますが、バカ上司には時として戦う必要があります。

戦い方についてはのちにご紹介させていただきます。

第2章

ひどい上司の問題点と対策

～とにかく今の困った現状の打破が先決！～

部下に無関心な上司

部下に関心を示さない上司がいます。人に関心を示さないばかりか、**仕事を教えてもくれません。**部下や他人に無頓着《むとんちゃく》な上司です。困ったものです。

本来上司は、部下をマネジメントする必要があり、部下に仕事を教えたり、部下の仕事ぶりを観察したり、部下のスケジュール管理をしたりして、部署で最大の成果を出すという責務を負っています。

これから本書で紹介していくように、世の中にはいろんなひどい上司がいますが、これは最もまずいパターンです。

十分に独り立ちできている部下にとってはさほどの問題はなく、アレコレ言う上司より「無風状態」でいいかもしれませんが、**これから成長が必要な部下であるなら話が違います。わからないことは教えてもらわなければならず、判断を求める場面もあるから**です。

人が仕事をしない理由は、次の２つしかないという考え方があります。

1）仕事の仕方がわからない

２）仕事をしたいという意欲がわかない

１）の解決策としては、仕事を教える必要があります。

２）については、部下の意欲を上げるしかありません。モチベーションを高く持たせてこそ、部下が働くのです。

ところが、部下に無関心だと、これらのどちらも放棄するのです。

部下に関心を示さない上司は、このようなことが考えられます。

- マネジメントの仕事や部下を教えることに興味がない
- 自分のことだけしか考えていない
- 教える仕事は面倒だと思っている
- 部下においしい仕事を持っていかれたくない
- 部下の仕事に対する喜びなど考えたことがない

これでは本来上司失格であり、そんな上司を任命する会社の責任でもありますが、代わりになる最適な人がいない場合もあります。

●対策

こっちを向いてもらうしかありません。

まず、自分は上司のことに興味を持っているということを伝えるべきです。小さなことでもいいので、できるだけたくさんのコミュニケーションを取ります。仕事の中身だけではなく、その人自身のことについてウザイと思われない程度に聞いてみることです。趣味やプライベートについても語り、共感できるところがあれば、大いに共感しましょう。

例えば、共通のスポーツの趣味があれば、「いいですねー」と言う。「どんな本が好きですか?」と聞いて、上司が読んだ本を読んでみる。そして共感するところを語る。

人は自分に興味を示してくれる人には興味を持つものです。男女でも、あの人が自分を好きになってくれているとわかれば、その人が気になってくるものです。

次に、上司の仕事ぶりから学びたいと、謙虚に説明することです。見習うべきはしっかり見習って、学びたいという姿勢を見せることです。また、部署にも貢献したいので、自分のスキルを上げたいと真剣に表現することです。

上司に「自分から学びたいんだ」と思わせることです。うるさいと思われないように、

「今よろしいでしょうか？」

「2、3分、お時間大丈夫ですか」

と丁寧に丁重に。

とにかくこっちを向いてもらうことが必要なので、自ら働きかけて相手を動かすしかありません。

こんな上司は普段からうるさく言わないので、かえって楽チンと思うかもしれません。でも、自分がまだ自立できていないのなら、要注意。楽チンと気を抜いていると、自分が成長せず後々困ることになるからです。

上司の上司にも、

「（私の上司は）最近お忙しいのか、時間をあまりいただけていません」

とインプットしておくといいです。それを聞いた上司の上司は、

「○○君は、最近どうしている？　○○君の仕事ぶりはどうか」

などと、**機会がある時に無関心上司に聞いてくれる可能性があります。**

●上司への参考

人に無関心なのはいけません。**上司の基本の基本は、部下に興味を持つこと**です。それは、どんな仕事をしていても人間関係はついて回り、自分1人で仕事ができるものではないからです。

心を開かない部下もいますが、そういう時はやはり趣味やプライベートなど小さなコミュニケーションを取って、こちらから相手に興味があるのを示すことです。小さなことでもいいので、共感する部分を探しましょう。

「何々が好き」「何々をやりたい」などを聞き出して、自分と同じ部分があると伝えることです。

人と仕事を一緒にやるということは、まずその人を知ることであり、いいところを発見し、共感できる部分を増やすのが大事です。上司も部下に興味を持ちましょう。

意見を聞いてくれない上司

部下が意見を言っても上司が聞いてくれないということは大いにあります。ひどい上司の代表選手ですねー。気持ちわかります！

これにはいくつかのケースがあります。説得することについての詳細は第3章以降を参照していただきたいですが、簡単に場面ごとの重要ポイントをここでは紹介させてください。

【場面1】たまたま忙しいなどの理由で、その時上司が意見を聞く状態になっていない

●対策

これぞという妙案がひらめいても、説得してなんぼの話です。いくら輝く提案であっても、上司が受け入れてくれないと意味がありません。

「～の件で我が社にとってたいへんメリットがある提案をしたいのですが、1時間ぐらい今週末までにいただけますか」

「今の仕事が一段落されるのは何時頃ですか」

などとちゃんと**時間を取ってもらう**ことです。

相手が他の案件で忙殺されている時だと、無理矢理急いでも反対の結果になりかねませ

ん。特にせっかちな上司であれば、「忙しい時に何をつべこべ言うのか！」と立腹してしまいます。

【場面2】上司がそもそも、経験不足の部下の言うことを聞こうとしていない

●対策

「周りの同僚などにも相談したのですが」と賛同する仲間がいることを伝えて話をしましょう。主語が「私」になっていると、そこは問題かもしれません。

上司は、

「お前がどう思おうが知るか」

「俺のほうが経験豊富だから、お前の言うことは聞く必要がない」

とも言いかねません。そこで、

「私は」ではなく会社や部署を主語にして、

「会社にとってこれを行うことは大切だと思います」

と自信を持って伝えることです。

【場面3】自分の権限では決められないものを、上司の上司に説明するのが面倒くさい

部下の提案を通すために、自分の上司に掛け合うのが嫌な上司です。面倒な仕事を増やしたくない、自分は関わりたくないと思うので、聞かないのです。

●対策

「当社にとって非常にメリットが大きく、我が部署の事業計画にも前向きなインパクトがあります」

と**メリットを強調する。**また「こんな姿になります」と**将来像を語ることも一案です。**

上司にとってその上司を説得することが得だということを理解させることです。

●上司への参考

「話を聞いてくれない」というのは部下の最も大きな悩みであり、上司への不満の代表的な課題です。

確かに、ちゃんとやるべきこともできていない部下からそうそういい提案が出てくることは少ないかもしれません。「必要なことは、部下にちゃんと伝えてある。いちいち聞いてくるな」と言いたい気持ちもわからないではありません。

自分も過去に部下からこう言われたことがありました。「古川さんは、私たちが話をしている時に、賛成だとニコニコしているが、反対だとだんだんそれが顔に出てくる。反対が表情に見えると、余計に焦ってうまく説明できません」。

部下の話をよく聞くことは、コミュニケーションの基本であり、部下のモチベーションを大いに上げることにもつながるとても大事な行動なのです。

相手の説明を真剣に聞くなど、よく聞く手法となる「傾聴」をするということです。聞き手が真面目に話を聞こうとする姿勢でいるのか、それとも、ちゃんと聞いているのかどうか疑わしい態度でいるのか。話している人から見て、その差はわかるものです。「傾聴しているな」と思わせるためには、聞き手として、次のような姿勢をとる必要があります。

◆アイコンタクト：人の話をしっかり聞いている時は、普通は相手の目を見るものです。ずっと見つめているかどうかは別にして、必ず、何らかのアイコンタクトが発生します。アイコンタクトは「あなたの話をちゃんと聞いていますよ」という表現です。

◆うなずく：話にウンウンとうなずきます。一対一の会話でもそうですが、アイコンタクトと同様、１人の話し手が複数の聞き手に話す場合にも、これは使えます。

◆相づちを打つ：「なるほど」「そうですね」「確かに」などと、話し手の説明に相づちを打ちます。

◆オウム返し：話し手のキーワードを、聞き手が繰り返します。「契約直後ですか」「担当は○○さんですね」などです。

◆要約する：「結局、当社のミスですね」「つまり、最初から間違っていたのですね」など、語り手の話を聞き手が要約します。要約することによって、自分がしっかり話を聞いていることが相手に伝わります。上司が優先順位や何が大切かをわかっていないと思う時は、「この優先順位で進めますがいいですか」「大事なことは～ということですね」と要約することにより、確認もできます。

◆メモを取る：メモを取る姿勢は、話し手に安心感を与えます。余談ですが、「上司から叱られている時にメモを取ると、叱られる時間が短くなる」と言う人もいます。ある会社の経営者は、激しく部下を叱咤することで有名なのですが、そこの社員はほぼ全員といってよいほどメモを取るらしいです。

◆質問をする：聞き手がまともな質問をできるのは、話をちゃんと聞いている証拠です。

指示がコロコロと変わる上司

上司の指示がコロコロ変わると、自分のしている仕事の順番がメチャクチャになってしまいます。これまでしてきたこともパーになり、非効率もいいところです。頭にくるのも当然です。

原因は、上司自身の頭が整理できていないか、優先順位を決められないか、前に自分が出した指示を単に忘れていることもあります。

●対策

指示が変わる上司に対しては、**毎度、上司からの指示を上司の前でノートに取ることです。違った指示が出たら、ノートを上司の前で見ながら、聞きます。**

「はい、前回のご指示はこうでしたが、今おっしゃったことを優先させましょうか？　どちらを優先しますでしょうか？」

大切なところは、「私としてはこちらを優先したほうがいいと思います。理由は～です」と主張することです。

●上司への参考

よくできる上司は、自分が部下に出した課題を忘れません。私を支えてくれた優秀な上司は、こんな上司でした。

「今すぐでなくてもいいから、来週末までに解決策を出してきてくれ」

と言って、期限までに答えないと、

「あの件の解決策はどうなっている？」

と必ず聞いてきました。

よき上司になるためには、自分が出した指示は決して忘れてはいけません。**自分が出した指示を忘れそうな人は、自分のノートに誰に何の指示を出したか書いておくことです。**私もそうですが、歳をとってくると、単に忘れてしまっていることが結構あります。

反対に、課題をやらない部下が望むことの1つに、「あの面倒くさい件、(上司が)忘れてくれないかなあ」としばらく課題をほったらかしにすることがあります。

でも上司たるもの、指示を出したら部下に答えを出させるのは当然なので、放っておいてはけません。方針を貫徹すること、ぶれないことは、マネジメントの基本です。

話を理解しない上司

部下の説明を聞きはするが、理解できない。前に説明したダメ上司の代表選手です。説明しても理解しない上司であれば、部下が困るのはもっともです。

理解能力や説明能力が欠落している人は「頭が悪い」と呼ばれることがあります。学生時代は頭がよいとか悪いとかはテストの成績で判断されますが、多くの会社で広く使われている「頭が悪い」とは、仕事能力が低いということで、特に理解能力と説明能力が低いということです。

中でも、理解能力が低いのは致命的。相談や提案をしてもそれを上司が理解しないのであれば、仕事は進まず、部下の鬱憤《うっぷん》はたまるばかりです。

●対策

実は、理解能力が皆無な人はほとんどいません。そんな人がもしいたら、入社試験ではじかれますから。説明を聞いているのに理解できないのは、多くの場合、ちゃんと聞いていないためです。別件が頭にあってウワの空で聞いていれば、説明が頭に入ってこないのは当然です。

そこで、説明を開始したら次のことに注意しましょう。

まず、**相手が集中して聞いているかどうかを確認することです。**相手からのアイコンタクト、うなずき、相づちがあるかなどの反応で、かなりわかるものです。メモを取っていたり、質問が出たりすれば、ちゃんと聞いてくれていると思っていいです。

もし、あなたの説明に上司がまったく傾聴の姿勢を見せなかったら、ウワの空かもしれません（「傾聴」について詳しくはP36〜38を参照）。

次に、**基本的なことですが、わかりやすく説明することです。**

・説明したい**要点**だけに絞り込んでいるか

・要点をわかりやすく表現しているか

・結論は明確か、理由は明確か、自分の意見は添えたか

・**説明の順番**は決めているか（時系列的か、それとも、結論からさかのぼっての説明か）

・抽象的な説明をなるべく避け、「例えば」という**具体例や数値を入れているか**

・**説明の最後を簡単な要約で締めくくっているか**

さらに、次のことも行いましょう。

・**大切なことは、メールだけではなく、書類にしたり、口頭説明したりすることが必要**

・相手からピンボケの質問が出て、話が別のところへ行ってしまったら、**話を元に戻す。**「話を本論に戻しますが」とあえて言って、アサッテのほうへの話の流れを切ること

が大切

あとは、記憶力の問題です。

上司が前に受けた説明を忘れていれば、その続きだけを部下から説明されるとまったくついていけません。部下は、前に説明したことを上司がしっかり覚えていると思い込んで、そこを省略して、新しい変化や状況を中心に説明してしまうことがあります。熱心な説明が終了したと思ったら、まったく上司が理解していなかったということになりかねません。嫌になりますよね。

しかし、**理解能力が低い上司をもったら、自分の説明能力と確認作業能力を向上させるよい機会だと割り切ることです。**つまり、訓練だと思うことです。今後も、どれだけ理解能力が低い上司に出会うかわかりませんから。

まずは、次のような準備をきちんとする癖をつけることです。

大きな新提案であるなら、理解能力がそこまで低くない人にだって、一発で理解してもらうことは難しいです。話を理解しない上司でしたらなおさらで、**一度で理解してもらお**

うとせず、3回はしないといけないと覚悟を決めておきましょう。

突然、大きな新提案をしようとしても、上司の心の準備はできていません。難しいことを何ページかの書類にして、なんの予告もなく、突然上司のところに行って、「これをやりたいのです」と演説するように説明しても、その場で通ることはまずありません。

普段から報告をする時などの機会に、**「今、こういうことを考えているんです」と何度か前振りをしておく**ことが大事になります。いきなりストレートを打つのではなく、事前にジャブを何度か打っておくということです。また別の機会などに「同僚の～君とも話しているんですが、なかなかよいと言ってくれているのです」と**理解者がいることも告げておきましょう。**

そして、**何度か前振りをした後で、提案してみるのです。**「今考えている案件で、来週にでも1時間ぐらいプレゼンのお時間をいただけませんか」と。

プレゼンをしても即答を求めず、「ということですので、ご検討いただけますでしょうか。必要であれば来週にもう一度打ち合わせさせていただけますか。大丈夫ですか」と**上司に考えさせる時間を与える**のです。

ところで、**説明能力は、どんな職業・役職においても必要であり、説明能力は一生ついて回るもの**です。

平社員は課長代理に、課長代理は課長に、課長は部長に、部長は本部長に、本部長は役員に、役員は社長に、社長は株主に説明しなければいけません。上位の役職に上がれば上がるほど、短時間に要領よく説明できないといけません。

社外に対する説明能力も必要です。

将来、別の会社に移っても、自分でビジネスを始めても、**説明能力を一生磨き続ける必要があります。**

頭がよくて、ものわかりのよい（理解能力が高い）人だけがわかる説明では、自分のスキルアップにはなりません。かえって理解能力が低い人を相手に練習したほうがいいという考え方もできなくありません。

目の前の上司が辛いと思わず、自分の説明能力を向上させるいいチャンスと割り切ることもできるのではないでしょうか。

●上司への参考

私は、部下には上司に3回は説明すべきであると伝えています。理由は先述の通りです。一方で**上司は、1回で理解するよう努力すべき**だと考えています。

ただ部下の中には、稚拙《ちせつ》な説明しかできない者もおり、漠然とした抽象論のような説明もあります。そこで、**質問をしたり、ツッコミを入れたりすることで、自分の理解を高めながら具体的にイメージしないといけない場合もあると心得ましょう。**

また、何を聞いたのか、日付も込みでメモをしておくのも大事です。理解しなかったり、忘れたりすることは、間違いなく部下のモチベーションを下げ、部下からの信頼を失うことにつながるからです。

キレやすい上司

部下に対してキレやすい上司がいます。気分屋で感情の起伏が激しくて、「なんでそんなことで怒鳴るの？」とも聞きたくなります。

●対策

まずは姿勢の問題。**キレやすい上司には、「後輩は先輩に対して礼儀正しく、先輩を立てて当然。先輩は多少威張っていられる」という時代遅れの思想が働いてしまっています。**「教える人は先輩であり、教わる人は後輩である」という昭和人の名残りとして先輩・後輩意識が、しぶとく残っているのです。

キレやすい上司の多くは若かりし頃、先輩たちから「バカヤロー!!」などと言われて育ってきました。それに対して、「ハイッ、かしこまりました！」と後輩として先輩に頭を下げてきたのです。当時は、今でいうパワハラがまかり通っていました。「わざわざ教えてやるんだから、ちゃんと聞け」という昭和風の考え方と、「教わるのは部下の仕事であり、教えるのは上司の仕事でしょ？　なんでそんな言い方しかできないの？」という現代風の姿勢では、時としてぶつかっても当たり前です。

一方で昭和人は、年上の部下や中途入社してきた年上には年齢差を意識するため、ブチ切れることははるかに少ないという特徴もあります。年齢の高い人は、仕事の上下関係があっても、人生の先輩だと考えているわけです。

キレやすいあなたの上司が年上にどう接しているか、一度ゆっくり観察していただきたいと思います。

その上司は、「上司と部下」という関係と「先輩と後輩」という関係を混同している可能性が高いです。よって、その上司が単にキレやすい性格だと決め付けるのではなく、**先輩・後輩という昔ながらの美意識が強い人だと思えば、「しょうがないな」とも思ってきて、腹が立つことも減るでしょう。**

そんな上司にキレられたくないのなら、不本意な部分もあるかもしれませんが、**昭和風の謙虚な後輩を演じればいい**のです。

次に、こんなことはあまり考えたくないとは思いますし、私もあまり指摘したくないのですが、**しょっちゅうキレられるということは、何かまずいことが継続して起きていると考えるべき**です。例えば、次のようなことが考えられます。

「いくら言っても理解しない」
「同じミスを繰り返す」
「自分で調べないで、つまらないことをすぐに尋ねる」

キレられるほうも嫌でしょうが、本当はキレるほうだって疲れるのです。その疲れを乗り越えてまでキレるのには、やはりそれなりの理由があるのではないかと考えてみることです。

部下の正すべき点をうまく説明できなければ、結果的にキレるという形となる。ちゃんと説明せずに、「コラーッ!!」となっているかもしれません。冷静に自分の悪いところを聞いてみることも必要かと思います。

売り言葉に買い言葉というのも、関係している可能性があります。

先の説明のような昭和的な先輩・後輩意識を持っている人に、**部下が腹を立ててちょっとでも反発しようものなら、「そもそもこいつは生意気だ」と思われます。**「俺に楯突《たてつ》くほど生意気な性格」だと決めつけられては、たまったものではありません。つまらない反発をするのは損をするばかりです。自分こそ冷静になりましょう。

また、部下が何か間違ったスイッチを押してしまったため、キレる場合もあります。上司がキレたら、どんな地雷を踏んでしまったか、考えてみることも必要です。

上司だって人間です。人によって違いはあるでしょうが、**部下から指摘されたくないこ**

ともあるでしょう。同じことを自分の上司から言われたら「はい、わかりました」と聞けるのに、部下から言われると「若いお前に言われたくない」という先の昭和的な先輩・後輩論がイライラの動機を作ってしまうことがあります。

それと、**自分が傾聴するという基本ができているか、再確認するのも大切**です。

誰しも、よく話を聞いてくれる人には好感を持つものです。カッカしないで、優しく親身になって話したくなります。しっかり話を聞いている姿勢を見せることです。

ちなみに、外資系の会社にヒアリングしてみると、キレる頻度が日本企業より圧倒的に少なくなっています。上司自身が、次のように考えているからです。

- キレても部下の成長にはつながらないことを、多くのマネジメント層が知っている
- 「キレるのは、マネジメントがうまくないからだ」という評価を、上司が受けるだけ
- パワハラと思われるような上司は、いつクビになってもおかしくない

ただし、上司が部下の成長や能力が期待を大いに下回ることを感じたら、相当厳しい評価を平気でします。成績が悪いと、一定の猶予期間付きのパフォーマンス・インプルーブ

メント・プログラム（社員の業績改善プログラム）などを受けるか、自ら去る選択肢しか与えられません。静かに、冷静に、ドライにことは進みます。キレない上司だから平和かと思うと、そうとは限らないのです。

以上から部下は、うるさく言われようが、静かに指導を受けようが、自らを成長させ組織に貢献し、自立していくことが最も大事なのです。

●上司への参考

何度言ってもわからない部下に腹が立つことはわかります。「こいつ（部下）を育てようと情熱を持っていても、聞いていない」なら頭にくるでしょう。

ただ、**時代が変わっていることも頭に入れていただきたい**と思います。「年上・年下」「先輩・後輩」は、今の若手にとってあまり関係ありません。むしろ**彼らは、「教えるのも仕事、教わるのも仕事」と思っています。**ゆとり教育を受けてきた世代もいて、彼らは「教えてもらって当たり前」とくらいに考えています。

このような現実の状況を無視して、**いくら上司が「違う！」と頑張ってみたところで、**

解決策にはなりません。単に「よくキレる扱いづらい人」というレッテルを貼られて、嫌われ者に終わります。

それより、**いかに効率的に部下に教えるのか、いかに部下のモチベーションを上げるかを前向きに考えるべき**です。部下も成長して、部署全体の成果を上げ続けることが最終目的なのですから。でないと、軍隊張りの上下関係を叩きつけることを目的にしているだけで、意味がないどころか、余計なことをしてしまっています。上司がキレて嬉しい部下はいないし、モチベーションが大いに下がるのは当たり前です。

ただ、別に**部下に媚《こび》を売れと言っているわけではありません。**教育には、ある程度の厳しさも必要です。嫌われたくないと思って腰が引けているより、冷静に言うべきことは言って、将来感謝される上司になるべきです。「言うべきは言う」と「キレる」はまったく違うということです。

「小善は大悪に似たり、大善は非情に似たり」という言葉があります。「いい顔をしすぎるのは、小さな善意と見えて本当は本人のためにならない大悪かもしれない。大きな善意は、厳しい指導をするなど非情に見えることもある」という意味です。この言葉も、時折思い出していただきたいと思います。

仕事と関係ないことで邪魔してくる上司

当たり前ですが、会社は仕事をする場所。遊びに来る場所ではありません。かといって、仕事と関係のない話は1秒もしてはダメというわけでもないです。ちょっとした雑談は、人と人の距離を縮めたり、明るい雰囲気の職場を作ったりすることにもつながります。

でも、あまりにも関係のない話をするのは、もちろんいけません。これで仕事の邪魔をされては、部下もたまったものではありません。

中には、「家に帰って何をしているの？」というプライバシーへの侵略から、「彼氏とは最近、うまく付き合っているの？」「このシャツ、似合ってないね」といったセクハラめいたものもあります。下ネタばかり言う大バカも、実際にいるようです……。

土日祝など休業日にも、ゴルフや草野球など趣味に付き合わせようとしている上司もいます。部下のほうが参加したいのであれば止めませんが、休みの日くらい友だちや家族と過ごしたいでしょう。また、仕事から離れてリフレッシュしたり、仕事に結びつくような勉強に充てたりするほうが大事です。

プライベートに関係することですと、ＳＮＳで友だち申請の受理や「いいね」やフォローを強要してくる上司も多いと聞きます。

●対策

職場で話しかけられた場合は、**正攻法は、仕事の話に切り替えることです。**彼らは暇なのでそんな話をしているだけですから、まとまった不明点などありましたら、この際に一気に質問しましょう。

ただ、面倒くさければ、**次のような一言で一蹴しても構いません。**

「また飲みの席にでも、お話しできればと思います」

「すみません、今急いでいるので……」

休みの日まで侵略してくる上司には、先約が入っていると言って逃げ続けるのが、上司を怒らせず、部下も言いやすい方法ではないでしょうか。

ＳＮＳについては、「今、友だちを増やしていないんです」「趣味に関する内容が多いので……」と言って**断っても問題ありません。**当たり前ですが、ＳＮＳに仕事上の義務なんて関係ないのですから。

いずれの場合も、あまりにしつこければ、上司の上司に言いつけてもいいです。また、第５章で紹介する「バカ上司」に戦いを挑む、という策に出ても構いません。上司に非があるのは明らかですから。

●上司への参考

仕事に関係ないことばかり話しかけたり、休みの日まで部下に干渉したりするのは問題外なので、直ちにやめてください。

ＳＮＳについても、部下に命令する権利は、上司にはまったくありません。

もし、**部下との距離を縮めたくてそういうことをしたいのであれば、飲みの席を設けるか、もっと手軽にするのであればランチを企画するといいでしょう。就業中はいけません。**

自慢話ばかりする上司

自分の経験談を部下に理解させ、それを手本にしてほしいという願望から来ているのでしょうが、自慢気に話をされたり、時に何度も同じ話をされたりすると、部下としてはうんざりします。

部下にも理解してほしいという本来の目的から脱線して、上司の手柄話になってしまうこともよくあります。

●対策

メモを取りながら聞くことです。大切なところはメモし、自慢話が始まったらメモを止める。

傾聴についてはP36～38で詳しくご説明しましたが、例えば以下のようなものがあります。**「相手方に向かい合う」「アイコンタクトをする」「うなずく」「相槌《あいづち》を打つ」「オウム返し」「メモを取る」「質問をする」「要約する」。**

こういうひどい上司には、メモ作戦が最も有効です。普段からメモを取っていると、さすがのひどい上司もバカなことばかりは言っていられません。メモを取っている部下の手が止まったら、自分の自慢話に気づく可能性もあります。

人は、自分をよく見せたり、自己主張したがったりするものです。誰しも自慢話の1つや2つしたい時もあると心得えて、こういう時はさらっと聞き流すのがいいです。何度も何度も同じ話をされ、**どうしても耐えられないなら、「前にもうかがいましたが……」と小声で爽《さわ》やかに伝えてもいいでしょう。**

ただし、よく仕事ができる人でも同じ話を何度もすることがあります。私がたいへん尊敬していてメンター（心の恩師）と仰いでいる人にもその傾向が見られます。何度も聞いている話が出てきたら、私は「仕方がない」と思うことにしています。さすがに、「その話前にも聞きました」と言う勇気は私にはなく、「いい話は何度聞いてもいい」と自分に言い聞かせています。

●上司への参考

部下に仕事の進め方に共感してもらうことは大切であり、過去の例を持ち出すのは構わないと思います。

ただし、**自分の成功例と自分の失敗例を語るのでは、どちらが部下に共感をもたらすかを考えてみるべきです。答えは、当然後者**です。

自分をさらけ出すこと、すなわち**相手に自己開示をすることは、相手からの親近感を高めることに他なりません。**自己開示ができるのは心の大きな証拠で、人間力（右脳能力）が高いということです。同じ話ばかりや、自慢話ばかりだと、相手が疲れてしまいます。

説教ばかりする上司

部下を捕まえては説教ばかりしている上司がいます。煙たいですよね。2、3分の立ち話で済むと思っていたら、座り込んでアレコレどこかで聞いたような話をしつこくする。大切な打ち合わせが、上司の我田引水《がでんいんすい》の演説会になったら、仕事の効率にも急ブレーキがかかります。

●対策

普段ひどい上司であっても**正解を言っていることもあるので、参考になる話はしっかりと聞くべき**です。上司は「前から言っているのに、いつまで経っても改めない」と思っているかもしれません。本当に部下の怠慢《たいまん》に対して説教をしているなら、上司はマネジメントという仕事をしているにすぎず、しっかり受け止めるべきです。

反対に、**上司の言うように自分がちゃんとできていると思えば、「そのように実行していると思います」と言えばいいだけ**のことです。

●上司への参考

「～であるべき」と言いたいために、先人や自分の例などを持ち出して部下を説得したい気持ちは痛いほどわかります。

ただし、**説教がましい話を誰がしても部下が聞くとは限りません。**Aさんが先人の例を持ち出して話せば部下はよくそれを聞き、Bさんが同じ例を持ち出しても部下はほとんど聞かない、ということはいくらでもあります。

また、**聞いてきたばかりの話を受け売っているようでは効き目が薄いです。**うろ覚えで頼りなく話すようでは、人は聞いてくれないどころか、ウザイと思うだけです。身分不相応な説教はやめましょう。

一方で、自分が心底納得して、自分が普段からそれをきちんと行動に移しているなら、相手の心に突き刺さります。まさに率先垂範《そっせんすいはん》はマネジメントの基本です。

不愛想な上司

挨拶もしない無愛想な上司も問題アリです。挨拶はコミュニケーションの基本中の基本だからです。朝から下を向いて暗い顔をしている上司の元で、元気にはつらつとして仕事ができるものではありません。また、会話も元気もない職場では、業績が上がるとは思えません。

こういった上司は部下に親近感を持たず、良好なコミュニケーションができないのかもしれません。多くの場合、部下への接し方がわかっていないのです。「私は人見知りなんです」という言い訳を言って、自分の殻の中に閉じこもっていることがあります。

●対策

次のような対策があります。

・こちらからキーが高めの声で、大声で挨拶をする

・距離を縮める意味で、こちらから話しかける
・時には部下同士でバカ話を大声でしてもいい
・上司の上司もわかっているだろうから、上司の上司にも挨拶で協力してもらう

プロのアナウンサーから聞いたことですが、キーを高めて「おはようございます」と言うと、明るく、声が通って聞こえるそうです。その反対に、キーを低く「おはようございます」と言うと、極めて暗く聞こえ、声も通らないそうです。私も自分もやってみてそう思います。挨拶が苦手な人は、ちょっとだけキーを上げてやってみてはいかがでしょうか。

●上司への参考

リーダーには左脳的な要素と右脳的な要素の両方が必要です。

私はP62の表のように左脳と右脳の能力を区別しています。左脳能力はいわゆるスキルであり、右脳能力は人間力です。これらのすべてを持ち備える必要はありませんが、**左脳的なリーダーは右脳を鍛え、右脳的なリーダーは左脳的な能力も兼ね備えているのがいい**でしょう。

左脳右脳リーダーシップリスト

左脳リーダーシップリスト	右脳リーダーシップリスト
【能力】	**【性格的なもの】**
□ 方針決定が上手	□笑顔がいい
□ 計画立案がうまい	□明るい
□ 理解能力・説明能力が高い	□ユーモアがある
□ 分析力が高い	□気持ちがよい
□ 判断力・決断力に優れている	□心が温かい
□ 論理的である	□懐が深い
□ 組織としての動きが上手	
□ 問題解決など手段が的確	**【考え方や姿勢に関するもの】**
□ 専門性・仕事のスキルが高い	□一貫性がありぶれない
□ 数字に強い	□言葉に責任を持っている
□ スケジューリングができる	□素直に自分の責任を認める
□ 優先順位がわかっている	□前向きに考える
□ 標準化・仕組み作りがうまい	□知ったかぶりせず、自分をさらけだすことができる
□ 指導・指示・命令が明確	□自分の失敗談を抵抗なくする
	□威張らない
	□心配り・気配りができる

出典：『大きな器のリーダーになれ』（古川裕倫／ファーストプレス）

右脳能力の最も代表的なものは、「笑顔」。「笑顔」は金もかからず、良好なコミュニケーションの基本であり、人付き合いの最大の武器です。

読者の皆さん、自分の尊敬する人物を思い出していただきたいと思います。その多くは、左脳と右脳の両方の能力をバランスよく持っているのではないでしょうか。

重箱の隅をつつく上司

完璧主義で、１００点満点でないとやたら気になる人がいます。まさに木を見て森を見ずの上司です。

私は「部署の気持ちよさ」と呼んでいますが、経理は1円単位まで常に合わせようとし、物流管理は抜き打ち検品ではなく全品検品したいというものが、それです。一種の職業病というか、依存症です。このような「部署の気持ちよさ」を追求したがる上司がいます。

こだわりも大切でしょうが、何事にもスピードと完成度のバランスが大切です。「部署の気持ちよさ」ばかり考えるのは問題があります。

●対策

より重要な案件、集中すべき事象は何かを上司に理解してもらうことです。

完成品が出来上がってから上司に持っていければ格好はいいのですが、このような上司は何かとダメ出しをしたがります。ですから、時間のかかる仕事なら、**途中で一度上司に見せ、そこまでの合意を得た上で仕上げる**ことです。

例えば、客先への説明用の資料を作れと指示があったら、パワーポイントを全部完成させてから上司に持っていくのではなく、A4・1枚にパワーポイントに落とし込む項目を文字で書き出して、その時点でOKをもらう。OKがもらえた後で、パワーポイントでスライドを作成し仕上げるのです。

それと、**自分が対処しなければいけないTO DOリストを見せ、スピードが求められていることも理解してもらう**ことです。

●上司への参考

ビジネスは、結果を出すことが最優先だということを思い出してください。途中経過が100点満点であることなんて、あり得ないと割り切りましょう。しかもその100点は、1人の上司が勝手に考えた100点ですから、本当に正しい100点かなんて誰もわかりません。さらに上の上司から見ればよくわからない可能性もありますし、非常にアンバランスな基準での100点であることだって大いにあり得ます。

そうではなく、**「この対策は、何が大切で、何はそこまで気にする必要はないのか」「何に集中すべきか」を部下に明確に示すことです。**

例えば、資料を作るとしましょう。資料を見るのは誰か、何歳ぐらいの人かといった相手の属性を、まずは部下に伝えるべきです。お客様にとって何が最も大事なのか?というビジネス上の超基本にのっとった話です。「役員が見るなら、要点を簡潔にしてフォントを大きめとする。経理が見るなら、それなりの細かいデータを用意する」というようにメリハリをつけるのです。

ちなみに部下にも、「仕事の気持ちよさ」を求めて働く人はいます。細かいことばかり気にしている部下なら、大事な点だけに最大の力を入れるよう指導し、重要案件でなければ80%の完成度でよいと教えるのもよいと思います。

仕事が雑で意味不明な指示を出す上司

上司の自分の頭が整理できていないことが主な原因です。

自分のことで目一杯になっていることもあります。プレイングマネージャーだと、そういったことが起きがちです。プレイングマネージャーとは、自分が担当者としてこなす仕事と部下をマネジメントするという仕事の両方を兼ねた人のことを指しますが、両方をこなすのは精神がタフで頭のよさが問われますから、かなり難しいのです。

●対策

突然の指示の意味がわからなければ、**理由をしっかり聞きましょう。その上で、これまでの経緯や今自分がしている仕事の内容をわかりやすく説明して、それに反する指示であれば、撤回してもらうか期限を延ばしてもらうしかありません。**

部下のほうが自分も腹を立てたり感情的になったりすることは多いでしょうが、それはやりがちな間違いです。上司が余計に混乱するだけですから。

上司の仕事が一段落した頃を見計らって「後で、10分だけお時間をいただけますか。何時ぐらいからでしたら、よろしいでしょうか？」とやんわりと言って、**落ち着いた頃に話すのも一案**です。

「上司への参考」でもご説明しますが、**上司との打ち合わせ時間帯を決めておくのもよい**と思います。

●上司への参考

慣れるまでは難しいでしょうが、自分が指示を出すことや**部下の相談に乗ることは、自分自身の仕事より優先すると決めておけばいい**ことです。そう決めておくと、部下が突然来てもイラッとしないものです。そう決めていないから、「この忙しい時に……」となるのです。

時間を区切って、部下に明確にしておくのもいいでしょう。例えば、「突発事項以外の相談はできるだけ午前中にしてほしい」などと部下に日々説明しておくと、対話のタイミングに共通認識ができます。

仕事をうまく振れない上司

仕事を振れない上司が結構います。ひどい上司がすることとしては、主に次の３つです。

Ⅰ．自分が忙しすぎて部下をマネジメントする時間がないという、上司の役割を果たしていない上司

Ⅱ．遠慮しすぎて部下に仕事を依頼できない上司
Ⅲ．自分が好きな仕事を部下に渡したくない上司

Ⅰ、Ⅱは能力や性格に問題のあるダメ上司のパターン。ただ、これからご説明します部下から上司へのこまめな報告で、解決できることが多いです。

Ⅲについては、姿勢に問題のあるバカ上司の行動です。P103からの「やりたい仕事をさせてくれない上司」で詳しく解説します。

次に、普通の上司なのに、以下の理由で仕事を任せることができない人が多くいます。

(A) 部下の仕事能力に不安があり、任せられない
(B) 自分がやったほうが早いと思うので、任せられない
(C) 失敗した時の責任が不明確で、不安で任せられない

●対策

多くの若手社員にとってモチベーションが上がるのは、仕事を任せてもらうことです。

他方、**上司が部下に仕事を任せられない理由としては、先の（A）が圧倒的に多くなっています。**これはいろんな会社で研修をさせていただいて、多くの若手社員やマネージャークラスの人たちから直接聞いた結果です。

部下が仕事を任せてもらうコツは、「こまめに報告するので」と伝えて、実行することです。部下の実力に不安があると思う上司は、仕事を任せにくいのは当然です。しかし、**こまめに報告を受けていれば、上司も安心できます。**

（A）と（C）は関連があります。上司の不安は、仕事に不慣れな部下に任せて期限までにそれなりのクオリティの成果が出せるかということ。もし、結果が出なかったら、自分が責任を負わなければならないという不安があります。

やがて部下も信頼してもらえるようになれば、（B）も解消される方向に向かうでしょう。

先にも申し上げましたが、報告がしっかりしていると上司も安心して仕事を任せることができます。報告は次の3つに分類することができます。

①結果報告：まさに物事の結果の報告。すぐに報告することが肝要

②経過報告：「今、お客様からお電話があって、○○の見積もりを要求されました。まずは、××円で見積もりを先方に提案したいのですが、よろしいでしょうか」など経過を報告するもの

③完了報告：「先ほどご指示のあったコピーは終わっています」「○○営業部には伝えました」など、主に細かい指示が完了したことを上司に伝えるもの

一番大切なのは、②の経過報告です。上司から絶大な信頼をすでに得ているなら別ですが、基本は経過報告をたくさんすべきです。

一方で①の結果報告だけしていたら、上司はたいへん不安になります。だから、なかなか物事を任せてくれません。でも②の経過報告をこまめにすると、上司も安心して任せることができます。

③の完了報告も、割と簡単にできることが多いので、積極的に行いましょう。例えば、コピーを頼まれた部下は、「はい、わかりました」と指示を受けますが、その後「できました」と完了の報告をする人はたいへん少ない。簡単なことでも指示が完遂されているかどうか上司は知らないのだから、報告すべきです。短く言うなら「アレ、終わっていま

す」と2秒で完了報告ができます。

報告という基本動作がちゃんとできている職場とそうではない職場は、何においても違います。

私はいろんな上司を見てきましたが、**「部下の報告が多すぎる」と文句を言う上司はほとんどいません。しかも、仕事はできるが報告の少ない部下と、仕事はそれほどではないが報告の多い部下だと、後者を評価する上司を多く見かけます。**

報告が多すぎてウザいと思われるのが心配だったら、「前にもお伝えした件の続きですが」や「念のためですが」と言いながら進展を説明すればいいでしょう。

よく、「上司が忙しそうだから」と言って、報告を省く人がいますが、これはいけません。報告が少ない言い訳にしかなりません。

上司が忙しそうであれば、このように言って上司にインプットすればいいことです。

「お時間がある時に……」

「お手すきの時にお時間をください」

「～をご報告したいので、後でお時間をください」

●上司への参考

繰り返しですが、リーダーやマネジメントの仕事は、目標を明確にして部署で最大の成果を出すことです。リーダー1人で仕事を抱え込んでいても、部署として出せるアウトプットは限られています。特にプレイングマネージャーの中には、自分自身に多くの仕事を課して一人相撲に近い形で残業を厭《いと》わず頑張っている人が多くいます。本来は多少時間がかかっても、部下を教育し、できるだけ仕事を分散し、部署全体の生産性を上げることが必要です。

部下に仕事を任せると部下のモチベーションが上がるのはわかっていても、部下に仕事をちゃんとやりきる能力があるか心配なので、なかなか任せられないという気持ちもよくわかります。

でしたら先にも申し上げたことと重なりますが、部下からの報告がしっかりしていると、部下の路線を修正することもでき、結果、任せることができるようになります。そこで、**「任せられたいなら、報告をしっかりする」という仕組みを部署内で浸透させることです。**

任せることと丸投げの違いをわかっていない上司

仕事を「任せること」と「丸投げすること」を混同している上司がいます。

先にも申し上げた通り、部下にとって仕事を任せてもらうことはモチベーションアップにつながります。とはいっても、丸投げされると部下は困ってしまいます。

仕事を任せるとは、仕事の目的、進め方、クオリティ、期限などを上司と部下で共有して、部下に業務を遂行してもらうことです。このような条件下で、部下の裁量で最善の仕事をします。最終責任はもちろん、上司が取ります。

丸投げとは、「これ頼むよ」と一方的に仕事を投げること。何のために、どのように、どこまで、いつまでにやるかも言わない。それなのに出来上がったら、「あれが違う。これがいけない」など文句を言い出す。

本来、任せる場合は、上司が内容をしっかり理解しており、上司も完遂できる業務を部下にやってもらうのが大前提です。しかし、上司自身が仕事内容を理解せず、また自分でもできないものを部下に押し付けるのは、「任せる」ではなく「丸投げ」です。

●対策

仕事の目的、進め方、クオリティ、期限などを仕事に取りかかる前に上司と確認することです。そして、完成するまでの途中段階で、アウトラインや下書きを上司に見せて了承を得ておきましょう。やり遂げた後になって、「これは違うよ」と言わせないように。

●上司への参考

仕事を抱え込む癖のある人はそれも問題ですが、部下に丸投げばかりも問題です。**任せることにより部下のスキルを上げ、部署全体の生産性を高めることも、上司がしなければならない仕事なのです。**

そうではなく、本来自分がすべき仕事なのに、自分がその仕事が嫌だからといって仕事を部下に押し付けたとしたら、それは最低です。

パワハラ上司、セクハラ上司

ものを投げつけたり蹴ったりという身体的な暴力を振るう上司は、かなり減ってきています。しかし、暴言を吐いたり大声を出したりする上司は、相変わらずいます。セクハラ上司も、そこら中にいますよね。

昨今、ダイバーシティという言葉が脚光を浴びています。国籍や年齢、性別などを問わず登用して、多様な意見を受け入れて、経営に活かすという考え方です。

ただし、老若男女がいてダイバーシティが進んでいる職場であると一見見えても、大声を出して圧迫運営をしている輩がいると、部下が縮み上がって意見も出てきません。女性職員にとっては、セクハラも一大事です。

こちらも前にご紹介した昭和の価値観の問題があります。昭和の時代にスパルタ教育という言葉があったことはご承知だと思います。厳しく育てることが大切だという考え方で、暴力的な言葉や行動がまかり通ることもよくありました。しかも、教える側の熱意の表れというように、前向きに解釈されてしまうこともあったと思います。

他方、教わるほうは、「はい、わかりました」と答えることしか選択肢がありませんが、そのような光景は日常茶飯事ではなくとも、私も身近で何度も見てきました。

そういうやり方で教わってきた人たちは、自分が教える側に回っても、過去と同じようにしてしまうことがあります。

ところが、最近の若手にそんなことをしたら縮み上がってしまいます。「はい、わかりました」と同じように答えるものの、そんなことに慣れていない若手は落ち込むばかりか、中には鬱《うつ》など「心の病」になる人も出てきます。

本来、理詰めで部下を説得しなければなりません。部下に爆発したり、攻撃的になったりするのは、説明能力や論理性の欠如の他の何ものでもありません。

先にも申し上げましたが、外資で怒鳴っている人はほとんどいません。コンプライアンス（社会規範に反することなく、公正・公平に業務遂行すること）の問題として、一発退場させられるのがオチです。

セクハラについては、姿勢に問題のあるバカ上司です。速攻で反撃に出て構いません。

●対策

暴言を吐いたり、人前で叱咤《しった》したりすることも、セクハラも、上司の上司だって知っているはずです。

今のご時世、**ここは上司の上司に「パワハラ（セクハラ）問題があります」と言って出ましょう。何人かから申し出れば、上司の上司も解決しなければならない課題として強く認識すると思います。**

●上司への参考

即刻改めることです。会社のコンプライアンス（法令遵守）、ガバナンス（企業統治）の重要性を上司たるもの知っておくべきです。

他の部署などでセクハラ・パワハラのことを聞いたら、それなりの人に申し出ることです。これは「チクリ」ではなく、会社のサステナビリティ（継続性）に関わる重要な問題です。

威張る上司

威張る上司は困ったものです。威張っても仕事になんのプラスもないのに、威張りたがっています。

駆け出しの管理職などの中には、管理職になった以上、部下を引っ張っていかないとまずいと思い、肩の力が入りすぎる人がいます。管理職は部下に業務の指示や命令ができる立場ですが、それと、偉そうにしたり威張ったりすることは違います。混同するのはどうかと思います。

大きな事業を立ち上げて、部下がたくさんいた私の尊敬する先輩がこう言っています。「部下に威張るやつほど、上司にペコペコする。情けない」と。必要以上にペコペコする輩は、ゴマスリが丸見えで、鼻について仕方がないというわけです。反対に、自分の部下に対しては、威張る……。人間性を疑いたくなります。

航空会社の友人がこんな話をしてくれました。「ファーストクラスとビジネスクラスとエコノミークラスに乗っている人で、誰が偉そうにしているか?」。

エコノミークラスの旅行者は旅を楽しむのが目的で、機内で偉そうにはしていない。エコノミークラスで出張する若手も威張ってはいない。

ファーストクラスの人は社用であっても、人に対して感謝の念を持ち、目下の人にも礼儀正しく優しく声をかけてくれる。

実は一番威張っているのは、ビジネスクラス。「サービスが悪い」「さっさとこれをしろ」と偉そうに言う人が多いらしいのです。社用で部長などの地位にいて、自分のお金でビジネスクラスに乗っているわけではないのに、中には自分が偉いと勘違いしている輩もいるそうです。

威張る人は、優越感を味わいたいのかもしれません。しかし、優越感を持っている人は、その裏返しの劣等感も持っている。偉そうにする人ほど、ペコペコするということです。

●対策

ここは喧嘩《けんか》をしても始まりません。**優越感と劣等感を持ち合わせたかわいそうな人と思っていればいいです。**きっと上司の上司も「たいしたヤツではない」と思っているのですから。

●上司への参考

弱いものに威張るなどは、会社という組織でなくても、人間としてみっともないだけです。**部下からも、あなたの上司からも、丸見えなのですから、問題あるその行動はバレバレ**なのです。

威張るのではなく、部下を守り、時には自分の上司にも勇気を持って間違いを指摘できる頼もしいビジネスパーソンであってほしいと思います。

意見を言うと嫌がる上司

人の意見を聞かない上司はどこにでもいます。また、正論を言うと怒ってしまう上司もいます。

しかし、言わないと、ことが悪い方向に行ってしまう。そんな時は、どうしたらいいのでしょうか。

私の知り合いで、とても仕事のできる社外取締役をしている女性がいます。その女性はとにかく、物腰が柔らかく笑顔が素敵なのですが、この感じのよさが、仕事で成果を出しているように思いました。

会議では、言うべきことは言わねばならないものの、うまく言わないと誰かを怒らせることがあり、収拾がつかなくなります。とはいっても黙ったままではいけなく、時には否定もしないといけません。

その女性取締役の言葉で印象深いのは、これです。

「角を立てずに風を起こす」

つまり、雰囲気を悪くしないように、やんわり否定して、変化の必要性を求めるのです。そこで、にこやかに爽やかな物言いをし、他社事例などを持ち出して根拠を明確にするなどの作戦をとります。

●対策

この女性取締役の言う**「角を立てずに風を起こす」を覚えておいてください。立てるべきところは立てて感謝の意を表しつつ、言うべきことは丁寧にやんわりと言うのです。会社で成果を出すためにも、自分の立場を守るためにも、時には間違っている上司を諌《いさ》めることも必要です。**

しかし、「あなたは間違っています」とストレートに言ったら、火に油を注ぐだけで、反対方向に行ってしまいます。ここは成果を出すため、自分を守るためだと思って、にっこり笑って「角を立てずに」ことを進めましょう。

●上司への参考

あなたの上司が意見を言うと嫌がる人だったら、あなただって困るでしょう（中にはすでに、そういう状況になっている人もいらっしゃるでしょうが）。部下は、そんな困った状況にいるのです。

さらに追い打ちをかけることを言いますと、**自分の上司を動かせる人でないと、なかなか部下はついてきません。**上司にいくら提言しても、上司が自分の1つ上の上司を動かせないと、部下にとって上司の価値は下がり、頼りにもしてくれません。すると、できない上司と評価されてしまいます。

もし、あなたの上司が人の意見を聞かなかったり、怒り出したりする人なら、あなたもうまくやらなければなりません。直球でことが片付かないと思えば、「角を立てずに風を起こす」ことをしなければなりません。

説明が下手な上司

部下にうまく伝えることができない上司がいます。指示を断片的に出すだけで目的をきちんと説明しない、問題点の整理ができていない、うまく順番に説明できないなど。そもそも、部下にわかりやすく説明することも上司の大事な仕事だということをわかっていない上司が多く、これが大きな問題なのですが。

なお、「説明ができない上司」は、部下に対してだけでなく、外部の人に対しても同様です。

例えば、外部の人に対しても業界用語を多発する。このタイプは、自分の業界のことしか考えていないか、他人に対する思いやりがないのです。業界用語を使うことで自分に何か特別な知識があると思われたいのかもしれませんが、これこそ他人から「頭が悪い」と思われてしまう典型です。

また、難しいことをやさしく説明できないタイプも迷惑です。優秀な人――例えば、腕のいい弁護士や公認会計士は、専門分野を素人にわかりやすく説明することができるものです。まったく違う分野の人に現場の専門性を説いても理解されるはずがありません。相手によって説明のレベルを変えるのは、当然のことです。

そして、輪をかけてひどいのは〝わざと説明しない上司〟。これは、まともに部下が何か言ったところで改善してくれないことがほとんどです。何せ、〝わざと〟なのですから。どうすればいいのかは、第5章での「バカ上司」との戦い方でご説明します。

●対策

説明が苦手な上司への対応としては、**部下から積極的に上司に説明を求めることです。まめに質問をするしかありません。**

さらに、気持ちよく説明してもらう雰囲気作りが必要です。そこで**有効なのが、先にも申し上げた傾聴**をすることです（「傾聴」について詳しくはP36～38を参照）。

たまに説明をしてくれれば、「ご説明を伺って、よくわかりました。次の動作が見えてきます」などと**説明に対する感謝の気持ちを表わすと、上司はさらに説明をすることに前向きになってくれるでしょう。**

●上司への参考

説明を面倒くさがってはいけません。「あれやっとけ」だけでは、部下はいつまで経っても成長しません。仕事の流れがわからないと、毎回指示を出す必要があり、上司のほうが後々もっと面倒になるだけです。

「魚を1日1匹与えると、人は1日食べることができる。魚の獲り方を教えると、一生食べていける」。

部分的指示を出すほうが時間的に楽なように思いますが、トータルで時間や手間を考えると、最初は少し時間がかかっても仕事の進め方を丁寧に教えたほうが、部下にも上司にもいいのです。しかも部分的だと、結局は上司のあなたが重要な仕事を全部やらなければならず、自分が大変になるだけです。

さらに、部分的指示をするだけではなく、**その目的や手段をきちんと説明すれば、部下**

は自ら考えるようになり、仕事に工夫を凝らすようになります。

また**共通の目的を持つことによって、仕事がうまくいった時の達成感も共有できる**ことになります。これが**お互いのモチベーションアップ、信頼関係の強化、結果に対して常に向上心を持ち続けるなど、いいこと尽くめ**となるのです。

知ったかぶりをする上司

部下や周りにものを聞けない上司がいます。要するに、知ったかぶりをする人です。異動してきたばかりの頃は知らないことが多いわけですからそんなことはないでしょうが、その職場に長くなればなるほど、他人にものを聞くことが億劫《おっくう》になってしまうのです。背伸びをして、自分をよく見せたい。変なプライドがあるから人に聞けないのです。

どこの職場においても、知らないことを「知らない」と言えない人は損をするばかりです。なぜなら、知識が増えないからです。わからないことを言われると生返事をすることになり、後日必ず問題が生じます。そのうち「あの人はわかっていない」と言われるようになり信頼もされなくなってしまいます。

これは部下にとっても困った事態を引き起こします。上司がわかっていると思って説明し、行動に移しても、その後で「俺はそうとは思っていなかった」「自分が承知してないことを、君はしているのか」と言われかねません。

とはいえ、「これおわかりですか」「この部分おわかりでしょうね」と直球で聞けば、相手もムッとくるでしょう。

●対策

「前回の打ち合わせからここが進展しました」「繰り返しですが、〜」「前に申し上げたかもしれませんが、〜」と面倒でも、**ゆっくり丁寧に説明することです。**

知らないことに生返事をする上司でも、自分が知っていることを説明されたら、「そこはわかってるよ」と言うので、そのあたりは**顔色を見ながら確認していく**ことだと思います。

●上司への参考

「聞くは一時の恥、聞かぬは一生の恥」と言います。これまでいろんな先輩を見てきましたが、できる人は自分がわからないことは躊躇《ちゅうちょ》なく、その場で「それはわからないので教えてほしい」「それ知らないよ。どういう意味？」と聞いてきます。

すべてを知っている人など、存在しません。知らないことがあって当然です。薄ぼんやりとわかっていることでも、部下に聞くことによって自分も自信が持て、部下も説明することにより自分の理解度を高めたり、説明能力を上げたりすることになります。

自分のためにも部下のためにも「それはどういうこと？」と聞く勇気がほしいものです。

言い訳ばかりしている上司

「忙しい、忙しい」が口癖の上司はいただけません。「忙しい」理由は何でしょうか。大方、それは「忙しいからできない」という言い訳を前もってしているだけです。できない場合のことを考えて、事前にそれを正当化しているのです。

また、「忙しい」というフレーズは、イコール「抱えている仕事で手一杯なので、他の仕事を受けない」という意思表示でもあります。どんな仕事でも予期せぬことが毎日のように発生するものですが、本当に大事なことには即刻対応しなければなりません。「忙しいからできない」というのは、少なくとも真っ当な上司の言うことではありません。

それに、自分の部署が対応するべきなのか他の部署が対応するべきなのか、区別がつきにくい新規案件が出てくることもあります。そういう時に「忙しいから自分は判断しません」というのでは、最初から責任放棄です。三遊間のゴロは、サードもショートも自分から取りに行くべきです。失敗することを恐れて、取りに行かずに知らん顔しているのは、積極性が欠如しています。「忙しい」と口にするのは、自分は時間管理ができていないということを周りに言いふらしているのと同じであって、非常にみっともないことなのです。

これとよく似ているのが、「難しい」を連発する上司です。「難しいから、失敗してもおかしくない」という言い訳の先回りです。また、「難しいから正面からは取り組まない」という逃げにも使えますし、「難しいから今は判断をしない」という意思決定の先送りの理由にも使われます。いずれにしろ、みっともないだけです。

「はず」「はずだった」「と思い込んでいた」という上司のフレーズも、表現を変えた言い訳にすぎません。「部下には説明しておいたので、理解しているはずです」「業者は昨日納入しているはずでした」「もう完成していると思い込んでいました」――いずれも、自分が行うべき確認作業を怠ったということと同義です。それなのに、遠回しな言い訳で責任回避を図ろうとするのですから、みっともないことこの上ありません。

●対策

言い訳オンパレードの上司に対しては、**解決策を部下が用意することです。また、部下のほうから、締切を含めた時間設定を上司に申し出ることも必要**です。新規案件の話が聞こえてきたら、自ら進んで手を挙げましょう。

●上司への参考

すでに述べたように、**「忙しい」「難しい」「はず」は、上司としての禁句**です。逃げていいては、部下もついてきません。**あなたの上司からも「逃げるヤツ」と烙印《らくいん》を押されてしまいます。**お客様など外部の人も、同じように感じます。

自分の仕事を理解していない上司

上司には、会社方針に基づいて部署の目的を明確にし、部署内に発信し、目的達成のための手段を実行することが求められています。

また時間軸を考えて、仕事の優先順位を決定する必要があります。自分の部署で何を優先するのか、何を後回しにするのかです。

しかし、本来しなければいけないことを行わず、細かいことに無駄な時間をかけたり、部下の仕事に余計な口出しをしたりする上司がいます。こういうタイプは、未熟な上司というか、そもそも上司たる自分の仕事が何であるのかを認識していないのです。会社が自分に何を期待しているのかわかっていないし、また、部下が上司に何を期待しているのかがわかっていません。

●対応策

こういう上司には、**機会があるたびに部署の方針をその上司と確認することです。もし、確固たる部署の方針がないのであれば、会社方針と照らし合わせてそれを作成することを**

申し出るべきです。「部署方針が必要です」とただ言うのではなく、素案を部下が用意した上で上司と議論することです。ここまでしないと、部下の仕事をなかなか理解してもらえません。

次に、部署の方針に基づいて、部下が上司に何を期待しているのかを上司にインプットすべきです。部署内の業務分担の下書きをして、**上司のすべきことを明確にする**のです。言い出しづらいかもしれませんが、「あのお客様は格式が高いので、課長が対応されることでご了解ください」「こちらのお客様は私が対応します」などといったように、上司と自分がすべきことを明確にすることです。

「やるべきこと、やらなくてもいいことがよくわかっていない上司」、つまり「自分の立場を理解していない上司」に対して、あまりたくさんのことをインプットするのは部下として不安でしょうが、黙っていると部下の仕事に余計な口を挟んでくる可能性があり、部下が後々困るだけです。「適量の仕事」を上司に与えることが大切なのです。頑張って、トライしてください。

●上司への参考

「いま何をすべきか」や「優先順位」は、会社方針と部署方針に沿っていることを常に確認すること。自分がそこから外れていないなら、迷える部下から質問があってもちゃんと答えることができます。

上司が個人的にどう思うかではなく、いま大切と思うことが会社方針・部署方針に合っているかどうかを踏まえて、ぶれないように。

ぶれる上司では、部下にとって「やるか、止めるか」「至急か、時間があるのか」などを悩ませるだけです。

経験主義の上司

いつも昔の話をする上司がいます。「俺が担当者だった頃は」「前にこんなことがあった」など。いろいろな経験を積んでいることや、それらをしっかりと記憶しているのは立派なことですから、部下としても素直に参考にすべきです。

ただし、すべての判断を過去の経験に基づいて行っているのであれば、異議ありです。

なぜなら、過去は経験できますが、未来は経験できないからです。頑なな経験主義者は、経験したことのない将来の課題については必ずしも正しい判断ができません（過去に非常に類似した案件があれば、ある程度正しい判断が可能かもしれませんが）。

経験主義者は、ある仕事に長く従事して、それなりの実績を上げた自信家でもあります。しかし、それ以外のことを勉強していない場合が往々にしてあります。例えば、他商品の市場動向、他社動向などの分析に無頓着であったりします。

●対策

部下はこのような上司に対して、いろいろな場合を想定して、**今後の状況変化の予測を嫌がらずに説明すべき**です。

もちろん、過去の経緯や経験をその上司から持ち出されて一蹴されるかもしれません。しかし、そのような場合でも、公表されている将来予測で数値的なものがあれば、説得力はぐんと増します。業界紙や新聞の記事なども説得力を高めます。**客観性や信頼性や権威性の高い判断基準を、たくさん揃えて説得するしかありません。**

●上司への参考

「愚者は経験に学び、賢者は歴史に学ぶ」というビスマルク宰相《さいしょう》の有名な言葉があります。**昔の歴史は自分が関係していないから冷静に参考にできるが、自分の経験は冷静に参考にできない。**つまり、「自分がしてきたことは、冷静によかったか悪かったかを考え辛い。時には自己否定にもつながるから」ということです。自分の過去の経験を美化しすぎる経験主義者に対する警鐘です。これを肝に銘じてください。

軸ぶれする上司

軸がぶれる上司は、部下にとっては非常に厄介です。方針がコロコロ変わり、つい先日の議論や会議で確認したことがどこかに飛んでしまいます。その日の気分でモノを考える性格なのか、前のことを忘れているだけなのか、よくわかりませんが。

また、判断に自信がなく、一旦決めたことでも、さらに上の上司から別の意見を指摘されるとフラフラと揺れ動きます。

物事がだいぶ進行してから軸ぶれする上司は、もっと危険です。「2階に上げて、はしごを外す」ということもあります。つまり、「この案件は、この方針で行こう」と合意をしていながら、結果を見てから「なんでそんなことをしたのか？」と言う。部下にとってはたまったものではありません。

●対策

決めたことはメモを取り、大切なことは上司にメールをしておくこと。長い説明は不要ですが、「○○の案件は、～のように進めます」などと。

また、**上司が気変わりする前に、さっさと行動に移してしまうことが一案**です。

しかし、**上司の軸がぶれたら、議論するしかありません。**部下としては、まず理由や目的を明確にする必要があります。なぜ前の議論でその結論に達したかを整理して説明するのです。打ち合わせの際の自分のメモを見ながら（見せながら）説明すると効果は上がります。**もし方針を変えるのなら部署全体が認めること、すなわちコンセンサスが必要であることも伝えます。**

●上司への参考

ぶれる上司は、信頼を失墜《しっつい》させます。ひどいと、**部下がついてこなくなります。「柔軟に対応すること」と「決めたことをコロコロ変えること」は、全然違います。**はき違えないでください。

予期せぬ結果が出たり、悪い変化が見えてきたりする場合は、方針の軌道修正がもちろん必要ですが、この場合は、**必ず理由を明確にして周りに説明してからコンセンサスを得た上で、方針を変えることです。**

自分は仕事ができないと公言する上司

自信過剰な上司も困ったものですが、反対に「俺はできないから」と居直られるのも部下はやりにくいものです。

上司も人の子であって、自分の上司からも部下からも好かれたいと思っています。また、信頼されたいとも思っています。また、自分に与えられた仕事を達成したいとも思っていて、できるならば「仕事のできる人間」になってみたいと誰もが願うのです。自分は仕事ができないと公言する上司だって、過去にはこのように考えたことはあるはずです。

でも今となっては、諦めているか妥協しているのです。

「まあいいか、そこまでしなくても」

「仕方がない、間に合わなくても」

「上は怒るだろうけど、仕方ないか」

「人間、完璧なんてあり得ない。俺にもできないことだってある」

などと言って、本来あるべき姿から外れていることをよしとしてしまう。

「わかるだろう、俺だってサラリーマンだ」というセリフは、例えば「君だってできないこともあるだろう？　だから、俺が自分の上司に言い出せないことをわかってほしい」などと、妥協を求めているのです。


このような上司は、部下にとっては情けない存在ですが、それでも、自分ができないということを自覚しているだけまだマシです。

厄介なのは、実際はできる上司ではないのに、「自分はできる上司だ」と思い込んでいるパターンです。

会社や部下としては、1日でも早く、その上司が自分の欠点に気づいてほしいと願っています。こんな上司でも、自分の実力を知った上で部下に仕事を任せたり、自分の得意分野で部署に貢献したりしていれば、ある程度は合格といえるからです。

ところが、現実はそうはいきません。自分ができると思っているがゆえに細かく口出しをしたり、自分流を強要したりするので部下から総スカンを食らいます。

●対策

自分はたいしたことがないと思っている上司は、意思決定ができないことや優先順位がわからないことなども言い訳にしてしまいます。それには頭にくるでしょう。部下からすれば、もう少しできる上司であればこんなに苦労しないと感じるでしょう。

しかし、**こういう場合は、自分のチャンスが活かせる時であると思ってください。自分がいろんな提言をして、その理由をしっかり述べることです。そして、「きっとこれうまくいきますよ」と言うこと。**

どうしても決断してくれないのなら、「この案を私の責任でやらせてください」と言う。上司の責任にしない、つまり上司に逃げ道を作ってやるのです。

●上司への参考

部下に（自分ができる上司ではないと）自己開示ができるのは立派です。先のように自分ができる人と勘違いしているよりはるかにマシです。

しかし、マシなだけで、いけないことであるのに変わりはありません。**自分なりの意見を持ちながら、部下が発言することの理由を聞き、意見を受け入れることです。やるべきことはすべてやると決意して、失敗を恐れず前に進みましょう。**

ゴマスリ上司

ゴマスリ人間は、部下のことは考えていなくても、自分の上司のことは常に考えています。正確に言うと、上司のことを常に考えているというよりは、自分が上司に気に入られたいので、どんな形でもいいから自分の上司の期待に応えようとします。要は、自分のことしか考えていないのです。

こういうタイプは、まず「自分の上司が何を考えているか」「次に何をするか」「どんなことを質問してくるか」と考えて準備をします。準備をする理由は、そういう作業をすることによって自分が上司からよく見られたいからです。

動機は別にして、相手が取るであろう次の行動を予測するという習慣はとてもよいことであり、我々も見習うべきでしょう。

しかし、上のやること、言うことは、いいことだろうと悪いことだろうと盲目的に認めてしまうようなことは、いいはずがありません。上司の上司から言われたことを安請け合いして、できもしないことも「わかりました！」と受けて来られては、たまったものではありません。安請け合いした案件を、部下に無責任に押し付けることだってあるのですから。

また、クライアントなど社外の人から言われたことを安請け合いすることが多いのも、ゴマスリ人間の特徴です。安請け合いしてきた仕事を部下に押し付けるようなら、「それは無理です。ご自分でお願いします」とキッパリ言って、同じようなことが将来起きないようにすべきです。

●対策

今何をすべきか、今どれだけのマンパワーがあって、どれだけのことをやっているのかを、その上司にインプットしましょう。

上司とその上司が、しっかりコミュニケーションを取るのはいいことですが、部下に必要以上の負荷がかかることを盲目的に約束してもらっては困ります。そのことも、上司に伝えるべきです。

本来なら上司の仕事なのですが、自分の部署に与えられた目標をもう一度明確にして、上司と話し合うとさらに効果的です。

●上司への参考

「雲がかった山頂からは下界が見えないが、下からは山の形も雲の状態も見える」

部下は、しっかり上司のことを見ています。あなたの上司と良好なコミュニケーションを取ることは大切ですが、歯の浮くようなゴマスリでは、**部下にバカにされます。**

自分の部署の仕事の目的を明確にして、「選択と集中」を考え、現有人的資源でどれだけの成果が出せるかを常に考えてください。

やりたい仕事をさせてくれない上司

自分の進めたい仕事を説明しても、それをさせてくれなかったり、待ったをかけたりする上司がいます。あなたがやりたい仕事を進められない場合の１つです。

●対策

会社には企業理念や共有する価値観、そして社員行動規範があります。部署には、事業計画があり、目標が設定してあります。

少し高度になってしまうのですが、それらを大いに活用するしかありません。**自分が進めたい仕事は会社目標や部署目標に合致していて、それが完遂されれば目標に貢献できることを上司に説明するのです。**

というのは、いくら「やりたい！」と言ったところで、上司は部下の話を聞く理由がないと一蹴してしまうからです。上司が逃げられない理由を作るのが狙いとなります。

会社目標や部署目標を日頃からきちんと認識している社員は、あまりいないかもしれません。上司も必ずしもそれらに精通しているとは限りません。それでも、あなたのやりたいことが、会社目標や部署目標に合致していることを、それらを引き合いに出しながら、**やんわりと大上段にならないように説明しましょう。**

また、会社目標はあるのに、それが部署単位の目標や課単位の目標に落とし込まれていない場合もあります。こんな場合は、どうしてもさらに手間が発生してしまいますが、会議の席でそれらの目標設定が必要であることを申し出るしかありません。それらが設定されているべきと主張するだけではなく、あるべき部署目標や課目標のたたき台も一緒に自分が提案することです。これらを提案するのは、事業計画を作成する時が一番効果的です。定量目標という数値の議論だけではなく、それを成し遂げるための手段・方法を示す定性目標について議論することです。これによって自分のやりたい仕事が明確に位置付けされます。

あなたのやりたい仕事と会社目標・部署目標が同じ方向を向いていて、それなりの成果が期待できると説明ができていれば、それにＮＯと言う上司は限りなく少なくなります。

●上司への参考

部下の意見に耳を傾けるのは、上司が必ずしないといけない仕事です。逃げてはいけません。

そうではなく、部下がやるべき仕事をしないで、優先順位が低かったり会社の利益につながらないことばかりしたがるのであれば、会社目標や部署目標を明確にして部下を動かしてください。

第3章

得をするための部下の心得

～逃げてばかり、対処してばかりでも進歩はない。
大事なのは、どこに行っても困らない力をつけておくこと～

上司を気にせず、仕事を気にせよ

医学には、西洋医学と東洋医学があります。交通事故や急性疾患など緊急を要する対処には、手術といった西洋医学でないと対応できません。

一方で、普段から病気にならないために、必要な食べ物をバランスよく摂ることも必要。普段から免疫力を高めておくことが大事です。そこで、東洋医学が大いに役立ちます。

ひどい上司への対策も、これと同じように考えましょう。どういうことかというと、急を要する対処法は第2章までに述べてきた方法を使います。

でも、**中長期的にひどい上司からの攻撃にさらされないように、力をつけておくことも大切です。そうすれば、ひどい上司であってもそうそうアレコレと言ってはきません。**

力をつけるためには、中長期的な対策や心構えをしないといけません。逆境にあっても、自分の仕事力を磨き、将来への飛躍を考えておくということも必要となってきます。

以上について、この第3章以降でご紹介したいと思います。

上司が死ぬほど嫌いであったとしても、お給料を会社からもらっている以上、社員は会社に貢献しなければいけません。

残念ながら、現実には上司の性格や仕事のやり方はすぐには変わりません。ですから、上司に対して直接文句を言っても仕方がありませんので、うまく対処する必要があります。その目的は、上司のためではなくて、あくまで自分が会社に貢献できるようにするためです。

そこで、**ひどい上司の存在自体は気にしないことです。**「これだけ言ってもわからないのか」と腹を立てても相手は変わりません。**自分は冷静にきちんと仕事をすべきです。**腹を立てて興奮状態になっていたら、できる仕事も手につかなくなります。

ただ、**気にしないといっても「上司を無視してよい」とは言っておりません。**繰り返しですが、報告などこれまでに説明した義務はやっておくことです。上司を気にしなくても、仕事は気にする必要があります。

モノは考えよう。
ひどい上司といい上司のどちらがいい？

自分の上司がひどい上司だと、部下は自分の身を守るためにも、そういう環境で仕事をする上でも、自分なりにいろいろ考え、工夫をしながら行動しないといけません。**逆風の中で、自分のやりたいことをどうやり遂げるかを考えるようになり、（昭和風で申し訳ありませんが）忍耐力がつくなど、自分のプラスになっていることはたくさんある**のです。

確かにひどい上司の下で働くことは辛いことでしょうが、このように**自分の身になることを考えれば、長いビジネスパーソン人生にとってはそんなに悪いことではないかもしれません。もっと言えば、そんなに悪いと思い込まないことです。**

反対に、**ずっといい上司に恵まれていることなどあり得るのでしょうか。私はたくさんの人に会って聞いてみましたが、そんな人は1人もいません。**

若い頃よい上司にずっと恵まれていると、それが当たり前になり、逆風のない居心地のよい居場所となってしまいます。結果、自分で苦労せず、よい上司に頼りがちになってしまいます。

仕事力があり人間力があり、すべてを兼ね備えた上司がいつもいたら、部下にとって「ぬるま湯」になってしまう恐れがあります。上司がよいために、その上司以外の仲間、つまり上司の上司、隣のシマの上司、社外の人などの人脈構築がおろそかになってしまうことはないでしょうか。

もし、そんなよい上司が他部署に異動になってしまったら、やっていけるのでしょうか。次にひどい上司がやってきたらどうするのでしょう。**ひどい上司はどこにでもいるし、いつ自分の上にやってくるかもしれない。その時になって慌てて対応策を考えても遅いのです。**

「恵まれない上司に恵まれる」は一生ものの貴重な財産になる

私が20代の後半の時の話です。とんでもない上司の直接の部下として、仕事をすることになりました。声が大きく、自分の言いたいことだけ喋りまくる人でした。周りの人間も よくそれをわかっていて「大変だね」と声をかけてくれる人もいました。

ここに書きにくいようないろんなことがあり、ある時グループ会社で知り合った会社の社長のところへ相談に行きました。通された応接室には、「知恵を出せ、知恵を出さないものは汗を出せ。汗を出さないものは黙って去れ」という色紙がかけてありました。50代半ばの人間味あふれる社長は、じっくりと私の話を聞き、ウンウンとうなずいてくれていました。偉い人が傾聴してくれることに感謝し、内心「今の上司がこんな上司であったらいいのに」と比較してしまいました。

私が話し終えると、社長が「確かに、よくわかる。大変だねー」と共感の一声を発してくれました。続いて、自分の疑問点に1つ1つ丁寧に答えてくれました。相談に来てよかったと思いました。

それから静かにこう言いました。

「君は、恵まれない上司に恵まれている。そう思えばいい」。続けて、

「君は、これからたくさんの人と会い、たくさんの上司に仕えるだろう。中にはとんでも

ない人がいるだろうが、それは仕方がないこと。君だけではない。恵まれない上司に恵まれたと思って、自分を鍛えたらいい」と、優しく、包み込むような温かさを持って言ってくれました。

さらに、こう続けました。

「君が上司になった時に、ああはなりたくないと思ったことを実行すればいい。反面教師として何がダメで何がおかしいか**よく観察して、ノートにでもつけていたらいい**」

この話は、その15年後に私が出会ったメンターの話にもつながっていました。その方曰く、

「とんでもない上司には腹も立ち、一緒に仕事をするのも嫌になる。会社にも行きたくなくなる。しかし、それでは問題解決にならないので、手帳にその上司のひどいところをつけるようにした。そうすることによって、冷静に何が正しいかを考えるようになった。書くことで、怒りが収まり、気持ちが楽になった」

「恵まれない上司に恵まれた」「反面教師から学ぶ」という考え方を持ち、「気持ちを鎮める」ということも、このような方法で可能になると思います。

小林《こばやし》一三《いちぞう》に学ぶ。「賢そうなバカ」にだけはなるな

阪急電鉄、宝塚歌劇団、東宝の創始者である小林一三は、アイデアが豊富で仕事がよくできることで有名でした。

「小林さんも実行されて、他にも勧めたい先人の教えは何ですか」と晩年聞かれたら、次の話をよくしたそうです。小林一三は、「これは先人からの受け売りの話ですが」という前置きをして、「賢そうなバカ」について、AさんとBさんを引き合いに出して比較をしました。

Aさんは、風采《ふうさい》もよく、頭がよく、論理的で話もうまく、仕事もできるなかなかの人物。その上、品行もよく、どこへ出しても堂々としている紳士である。出世をする資格を十分備えていると思われているが、案外このタイプで出世しない人が世間には多い。これはどうしてか。

「理由は、**『自分』というものを持ち出しすぎて、『縁の下の力持ち』ができないからだ**」

と一三は言ったそうです。

「そもそも論であるが、見識の高い意見がまさに見識高いとされる理由は、その意見が実行性を伴い、実際に役に立つ意見だからである。実効性が伴わない意見はいくら聞こえがよくても、絵に描いた餅と同じであり、興味を引くような内容であっても実際の価値はない。本当の名論というのは、実行に移して、それが成果や実利を生むものでなければならない」と結論付けています。

先に述べたようにAさんには何一つ不足はないが、結果的に不遇で重用されないので、友人たちも心配する。Aさんは次のような不平を言う。「うちの重役は、出来が悪い。Bさんのように何事にもハイハイと盲従《もうじゅう》するものばかりかわいがるから、器が小さい。私たちのように会社のために堂々と議論する部下は煙たがって遠ざける。このようにバカバカしいので、真面目に仕事をする気にもなれない」

Aさんが言うことは、まったく正論であり、間違いはない。

しかし、Aさんの中に１つ問題があると一三は指摘します。

「**重役は必ずしも出来がいいとは限らない。**頭がよくて賢い人だけが重役であるとは限らない。ラッキーな事情があって重役になっている人もおり、**普段からその重役の能力や心理状態をよく観察して知っておく必要がある。**

Bさんはそのあたりをよく知っているから、単に卑屈《ひくつ》になってヘコヘコと『ごもっとも！』とやっているのではない。むしろ、戦略をもって仕事をしている。この意見をいかにして実行させるかを考えている」

と、一三はそこに焦点を当てました。

だから、場合によっては、自分の意見であっても、

「これは自分の意見です」と自慢気に言わずに、

「こういう意見を言う人がいます。このような説があるようですが、本部長のご意見はいかがでしょう」

と話の中でこれを紹介し、上司から賛同を得られたら、

「なるほど、ごもっともです。本部長のご意見がよいかと私も思います」

と穏やかに感心して、上司の自説として実行すればいい。こうして成果を上げる。

そういうことが積み重なって重用されて出世もする。一見、自分の意見を持たないように見える人が、異例の抜擢《ばってき》人事を受けたりして、人々はアッと驚くことになる。

こういう人は、そばで見ていると、重役におべんちゃらを言っていると思われるけれども、正しい理屈なので、重役の手柄として実行させる。**重役をうまく活用しているともいえるのです。**

Aは自説として「議論に勝とう」とするのですが、Bは「議論はどうでもいい」と考え、「議論は手段であって、目的ではない」と割り切っています。要は自分が思うことを実行するのが大切なのであり、自説を高らかに掲げる必要はないという教えです。

Aはその才能を人に認めてもらいながらも、会社に長くいられず、いてもいよいよ不平になって不遇になる。そして、結果的に常に意見を持った賢そうな人が落伍《らくご》する。

こういう事例は世にたくさんあると思います。

議論の中心となって、活発に名論を吐き、筋道が通っている。それだけ立派な意見があるのに、意外と組織内で大きな仕事をしていないのは、自分が賢いことを売り物にしているから。

これを小林一三は、「賢そうなバカ」と呼びました。いわゆる「縁の下の力持ち」のできる人とできない人の1つの手本だと言いました。

「賢そうなバカ」は、相手や周りのことをよく知らない。他人のよい点や長所を見ようとする気持ちがなく、自説だけが正しいと鵜呑《うの》みにしてしまう。これが行きすぎると、周りは鼻持ちならない人だと思うようになってくる。いかに正論を言う人物でも時には失敗をすることがあり、そんな時に待ってましたとばかりに、周りから足元をすくわれ失脚するのが「賢そうなバカ」。

小林一三はこう言いました。

「『自分の見識を自慢したがる小人』と、『成果を上げるのが大切で、自分の手柄は二の次とする大人』の違いである」

一三は、この話をする時に必ず、「お互いに注意したいものである」という注釈を付けたそうです。少なからず、一三も正論を吐きたがる習性があることを自覚していたようです。

「縁の下の力持ち」という話は、福沢諭吉の『福翁自伝《ふくおうじでん》』にあり、縁の下の力持ちを喜んでするだけの辛抱が必要であると説いています。

上司の欠点には目をつぶり、よいところを見よ

上司の心得として、「部下のよい部分を見つけて活用すること」があります。

人間誰しも、得意分野と不得意分野があります。ダメなところばかりを見ていると、1人も使いものになりません。

ある時、私の知り合いが自分にはひどい部下しかいないと嘆いていました。

5人部下がいるが、それぞれ欠点がある。

「A君は～さえできない。一事が万事で、使いものにならない」

「B君は～を理解しない。一事が万事で、役に立たない」

「C君は～という間違いを平気でする。一事が万事で、どうしようもない」

というようなことを言うのです。

私は、部下全員が使えないなどあり得ないと思いました。部下がダメなのではなく、上

司がダメだと直感しました。

私は、人のある欠点だけを取り上げて「一事が万事」というような評価をすべきではないと思います。そんな決め付けは上司として、いや、人間としてあるまじきことです。ちょっとした欠点があるからといって、全面的に否定することなどまったく理に適っていません。

だから、私は「一事が万事」という言葉は職場では使うものではないと思っています。そうではなくて、人のよい部分を見つけること、よい部分を伸ばし、活用することだと思います。

反対に、上司を見る部下にも同じことが言えます。すなわち、**「部下は上司のよい部分を見つけて活用する」のです。**上司は人の上に立つのですから、それなりの資質が求められるのは当然といえば当然ですが、人間である以上、不得意分野もあります。部下としても、欠点には目をつぶり、上司のよい面を前向きに評価するという姿勢が必要です。

ひどい上司であっても、「いったいどこがひどいのか」を冷静に見きわめる必要があります。部分バカは大勢いますが、全体バカは稀です。**ひどいところがあるからといって、**

全面否定をするのはいかがなものでしょう。当たり前ですが、完璧な人間などはこの世の中に存在しないからです。

歴史上の武将や名経営者は、それぞれの部下の優れたところを活かして人を使ってきました。あなたにも近い将来、部下ができます。あなたはその時までに、自分は非の打ち所がない上司となり得ると断言できるでしょうか。そんなことはあり得ないのはおわかりの通りです。

だから、上司を含めて人のよいところは、素直に認めるべきです。仲間との酒の席でも、自分の上司を完全否定していたら、自分の人間力や信頼感が疑われてしまいます。だから人のいいところを見ましょう。

上司を褒めよう。部下からだって嬉しいもの

優秀な上司は部下のモチベーションを上げることを頭に入れているので、部下がよく

やったら「よくやった。感謝しているよ」と部下に声をかけます。

では部下は、上司を褒めるべきでしょうか。褒める必要がないでしょうか。

答えは、「上司も褒めよう」です。

「自分のことで精一杯だから、上司にまで気を回していられない」と思うかもしれませんが、別に難しいことではありません。要は、**いい結果が出た時には素直に言葉をかける、それでいいのです。**上司の成功や成果に対して、一緒に喜びをシェアしましょう。

「さすがですねー」

「よかったですね」

「参考にさせていただきます」

などと声をかける。

さらに、できれば、「あの時点で○○さんと交渉されたのが効きましたね」などと、**具体的な部分を表現して、成功を語り合うのがお勧め**です。上司の成功を部下が喜ぶ。これは、同じ部署の一員としてたいへんよいことです。念のために補足しますと、これは上司にゴマをすることとは違います。そうではなくて、チームの士気を上げているのです。

上司に相談した時に、仕事の進め方についていい提案をしてくれた場合にも、

「いいアイデアですね。これまでの方法と違って、○○が有力だと思います。ぜひ、××までにやります」

と、感謝の意を示すことです。

私の元同僚で、今は外資で日本（とアジア）の責任者をしている友人がいます。

ご承知の通り、昨今は会社が別の会社を買うというM&Aが盛んです。彼の会社が別の会社を買うこともあったのですが、彼の会社が別の会社に買われたことが複数回ありました。M&Aの前には、別々に外資の日本支社があり、カントリーマネージャーと呼ばれる日本支社の責任者がそれぞれいました。2つの会社が1つになるので、M&Aが起きると日本支社も統合され、カントリーマネージャーの席も1つ減ることになります。よくあるのは、買った会社のカントリーマネージャーが残り、買われた会社の責任者が去るという構造です。

ところが、その友人は彼の会社が買われてもしっかり責任者として残っているのです。買ってても買われても責任者として残るというのは、もちろん優秀であるからです。会社運営、営業、マーケティングなど広い分野にわたって精通しており、人脈も広く、一緒にいて愉快な人物です。社内外の評判も極めていい。

その優秀な人間が、こう言っています。

「社内の人間も、お客様だと思って付き合え」

部下に対しても上司に対しても、お客様だと思って付き合えという意味です。

上司も人間です。部下からであっても、褒められれば嬉しいものなのです。この元同僚のアドバイスからも、上司をお客様のように考えて褒めたりして接するのは、部下にとってもいいことなのです。

「どうでもよいこと」と「譲ってはならないこと」を区別する

「どうでもよいこと」と「譲ってはならないこと」の区別は、しっかりつける必要があります。

仕事においては、自分の意見を常に持つべきです。ただし、**なんでもかんでも100%自己主張をするのは賢くありません。その中で、上司に合わせてよいものとそうでないも**

のを区別しましょう。

もともと複数の正解があって、**どちらを選択しても同じ結果が期待できるようなことであれば、無条件に上司の指示に従ってても問題ありません。むしろ、どうでもいいことは上司に譲ればいいことです。**仕事は成果を出すのが目的ですから、細かいこだわりに固執しないようにしましょう。その固執するエネルギーと時間は、他で使うべきです。

とはいえ、**自分と上司の意見に方向性の違いが明らかにある場合は、「はい、わかりました」と上司の選択をそのまま取り入れてしまってはいけません。**

大事なことで意見が違うのなら、まずはそれを解決することが必要です。自分が理解していないことや納得していないことを「飲み込む」のはよくありません。「飲み込む」と消化不良を起こします。

重要な局面で上司と意見が違ったら、直ちに、あなたの考えの根拠を明確にして説明することです。そして、**議論を十分尽くした上で、合意点を見つけてから行動に移ることです。**しっかり議論すれば、だいたい以下のどれかに落ち着きます。

「上司が納得してあなたの案を採用する」

「上司の意見にあなたが納得する」
「話し合ったことによって、さらによい新案が生まれる」

いずれにせよ、議論段階での意見の違いはどうであれ、最終的には方向性を一致させることが大事です。どうでもよいことは上司に譲ればいいのですが、大事なことについては自分の意見をきちんと主張します。

仮にあなたの主張が通らなくても、上司と最後まですり合わせを行うこと。そして、動き出した後は、その合意に基づいて一枚岩で行動しましょう。

もう1つ。

「あの人が言うから賛成だが、この人が言うのは不賛成」というふうに誰が言ったかで物事を判断してしまうことがあります。確かに本書でご紹介してきたようなひどい上司であれば、その上司が何を言っても受け入れたくない気持ちはわかります。

しかし、そうではなくて、**「誰が言ったかではなく、何を言ったか」で判断すべき**です。いい上司でも間違うことはあり、ひどい上司でも正しいことがあるからです。

上司がどうであれ、報告と説明責任は果たす

「報告の回数が多すぎる！」と文句を言う上司は稀です。「とても優秀ではあるが報告が少ない部下」と「イマイチの部分があるが報告が多い部下」のどちらを優秀な上司は好むでしょうか。

私のこれまでの経験から、後者です。部下に仕事を任せることができるのは、上司が仕事の進展状況をしっかり把握できているからです。優秀な部下でも、その仕事の進展状況がわからないと、どんな上司でも不安になるものです。また、部下からの報告がなければ、上司はその１つ上の上司に状況報告をすることもできません。

出来の悪い上司に時間をかけていちいち説明するのは面倒くさいと、仕事のできる部下ほどそう思いがちですが、これは考え違いです。

部下には、「上司に報告するという義務」があるからです。上司が正しく理解するかどうかは別にして、報告しなければルール違反です。理解してくれない上司に対しても、あ

なたが「報告という義務」をきちんと果たしていることは明確にしておく必要があります。

それと、あなたの仕事の進展状況をあなたと社長は知っているが、上司は知らないというような中ヌキ状態を作ってはいけません。「言っても無駄だから報告しない」などということがまかり通れば、会社という組織は成立しないからです。会社は、トップから一番下までがラインになっており、すべての重要情報をライン全員が共有している必要があります。

ひどい上司に対しても、部下には説明責任はあるのです。重要な案件は、「前にメールしてあります」というのではダメです。口頭でもちゃんと説明する必要があります。ちなみに、「上司が忙しそうだから報告しなかった」というのは、単なる言い訳であり、部下の責任放棄です。

厳しいことを言ったかもしれませんが、**ひどい上司に対して報告しなかったら、後で何かで責められても反論の余地はないのです。後々自分が困らないようにするためにも、報告は怠らないように。**

後輩が先輩に接するような態度をとり、成功したら上司への感謝を忘れずに

世の中は変わりつつありますが、日本には先輩を敬う儒教思想《じゅきょうしそう》が残っており、年上には敬語を使う習慣もあります。職場においても、後輩は先輩に対して礼儀正しくあると好感を持たれます。

上司が部下に対して偉そうにものを言ったり、素直に部下からの提案を聞かなかったりする場合の多くは、部下の態度や物言いにこだわっているだけのことが割と多いものです。部下の人格否定を喜んでするとか、どんなよい提案であっても絶対に聞こうとしない上司など、極めて稀な存在です。

そうではなくて、

「なんで若いお前に偉そうに言われなければならない」

「経験者の俺を差し置いて、未熟者がなんで判断できるのか」

「そんなことは、いまさら言われなくてもわかっている」

などといった、部下に対する微妙な感情のささくれが、上司の言動に影響しているので

す。この場合は、「上司と部下」というよりは「先輩と後輩」という関係性がもたらす感情というべきでしょう。そういう問題を回避するためにも言い方に気をつけることです。

かくいう私自身は得意ではなかったのですが、

「私が言うのもおこがましいのですが」

「生意気ですが」

などの枕詞を付けて、上司に対してうまくものを言う部下は世の中にはたくさんいます。

同じようなことを上司に提案するにしても、ある人が説明に行くと受け入れてくれないが、別の人がうまく説得してくることはしばしばあります。中には、気難しい人だと敬遠されているような上司をも説得して、合意を取り付けてくる人がいます。

こういう**「説得の達人」は、ゴマをすっているのではなく、要点を押さえて相手の心をくすぐるように説明する能力が高い**のです。そして、**先輩・後輩の礼を十分心得ていて、それをさらっと表現します。**

自分のアイデアや行動に自信を持つことは決して悪いことではありませんが、自分ではそう思っていなくても、相手からは「おごっている」「上から目線」と見えてしまうことがあります。それが先輩に対する礼を失した態度と映ってしまうのです。

仕事がうまくいった時は、誰もが嬉しいものです。周囲も一緒に喜んでくれるだろうと思うのは構いませんが、知らない間に「したり顔」になってしまったり、ついつい調子に乗って自慢話をしたりすることがあります。「調子こくなよ！」と思う上司も多いのです。

サラリーマンの場合、仕事が成功した場合でも、それが自分だけの手柄というケースは極めて少ないものです。個人の努力だけでなく、会社のブランドのおかげであったり、過去からの積み重ねの結果であったり、**仕事を進める上で許可を与えてくれたり協力してくれたりした上司の応援があったりする**のです。

ですから、**「したり顔」や「調子こいてる姿」はグッとこらえて、周りに見せないことです。「能ある鷹は爪を隠す」でいきましょう。**

部下が先輩（年上）である場合に、部下と上司が持ちたい心得

今後の日本は、これまでの年功序列型から欧米型の実力社会にさらに変化していくと予想されます。したがって、先輩を自分の部下に持つ上司が増えていくと思われます。

年上の部下をうまく使うには、物言い1つにしても気をつけることです。ただし、ベタベタの下手に出ているばかりでは、上司として必要な指示・命令ができません。仕事を進める上でのイニシアチブも取りにくくなります。

バランスが難しいところですが、**先輩のよいところを引き立てながらも、場面によっては、あなたが上司であることを示さなくてはいけません。**

「○○さんの客先との長いお付き合いのおかげで成約しましたね。ご苦労さまです」

これは、先輩の経験に敬意を表しつつ、最後は、**上司が部下に使う言葉である「ご苦労さま」で締めるというサンプル**です。

「〜の件はありがとうございました。引き続き何かあればご報告をよろしくお願いします」

これは、感謝の意は表しつつも、**「報告」という部下の義務を求めています。**

難しい関係ですが、**17時までは「上司と部下の関係」であっても、17時以降は徹底して「後輩と先輩の関係」にすることも一案**です。就業時間中は、（礼儀正しくはしながら）自分が仕事のイニシアチブを取っても、一緒に飲みに行く時は徹底して後輩になりきる。
そうやってメリハリをつけていると、部下である先輩も、内心よく理解してくれる人がいます。いい関係が構築できると、逆に部下である先輩は、就業時間中は大いに部下として協力してくれます。

以上は、わかりやすくするために上司に対して書かせていただきましたが、自分が先輩や年上の部下である場合も、ぜひ知っておきたい話となります。

部下も上司に対して教育はできる！部下の意見を聞かない上司にも可能

部下が上司を教育することは、上司が部下を教育することより難しいのは当然です。しかし、できなくはありません。

基本はまず、自分から上司に話しかけることです。相手がわかってくれなくても、嫌な顔をされても、気にしないで報告をきちんとすることです。問題点や困っていることについては、細かく相談すべきです。

教育した上で結論がほしい場合は、**優柔不断の上司には、問題を先送りさせないために「今週中に結論が必要です」「次回まで伸ばしてもなんら状況は変化しません」とやさしく期限を切りましょう。**

また、**優柔不断の上司には、1つだけの結論を持っていかずに二者択一を迫ることも有効です。**もしくは、A、B、C案という3択を用意しておいて、それぞれの特徴を説明します。いずれの場合も、「自分としてはどれをやりたいか」を言えるようにしておく必要がありますが。

部下の意見を聞き入れず、**すぐにNOと返事をする癖のある上司には、「今すぐ結論は要りませんが、説明します。ご一考ください」と言って、その場でNOと言わせない方法もあります。そして数日置いて、「先日お願**

いした○○の件ですが」と聞いてみることです。

時間を与えるというのも1つの戦略となるのです。突然、難しい判断を求めても、優れた上司であっても決断できないことはよくあります。上司にも考える時間を与えることです。

話を聞かない上司やすぐNOと言う上司に対しては、**案件を会議のような公の場所に持ち込むのも有効な手段**です。多くの人間の意見を聞かせることが上司にモノを考えさせ、気づかせることにつながります。

また、部下が進める前向きな議論が上司を教育する場合もたくさんあります。徹底的に議論してメリット・デメリットの比較を明確にすることは、上司の意思決定を促進することにもつながります。

上司に向かって「この本を読んで（勉強して）ください」などと言えば角が立ちますが、「偶然見つけた本にこんなことが書いてありました」と発言してみるのもよいでしょう。

私の尊敬する昔の上司は、彼の上司を説得しなければいけない場合に、よく口癖のように言っていました。
「その件はやんわりと私の上司に教えておく」
部下も上司を教えることができるという実例です。談判ではなく、「やんわり」と教えることです。

会社に貢献できるかどうかから、すべてを考えよ

まずは、自分のために仕事をしているのか、会社のために仕事をしているのかを明確にすることです。当然、会社のためにしないといけません。会社の一員である以上、会社に貢献しないと社員として存在する意味がありませんから。

会社のために仕事をするという自分の立ち位置をはっきりさせることで、説得力が増します。自分がどうのこうのではなくて、先にも説明した通り、常に主語を会社にすべきです。

「自分はこの案件が好きなのでやりたい」ではなく、

「会社が成長するために○○が必要です。そのために自分はこの案件を推進したいのです」という姿勢です。

提案前に迷ったら、「会社の○○のために」という副詞を付けてみて、自分の主張が正しいかどうかを確認すべきです。

「この提案を通したい（会社の利益のために）」

「これは見送るべきだ（会社の将来のために）」

「自分は言い出したくないが、（会社のためには）言うしかない」

などと考えて、自分の意見に筋が通っているか確かめてみるのはいかがでしょうか。

あるいは、こんなふうに考えてみるのはいかがでしょう。

「会社と社長は、どちらが大切ですか？　答えは、会社です」

会社と社長は一緒ではありません。社長といっても、常に正しい意思決定をし続ける人はいません。社長も人間であり、間違いは誰にでも起こります。そんな時に、

「社長、それはどうでしょうかね。こちらの考えではいかがでしょう」

と諫言《かんげん》できる部下は大切なのです。諫言するのは、諫言する本人のためではなく会社の

ためです。

時として、「NO」を言うのも部下の仕事です。部下の考えに筋が通っている必要がありますが、それも会社のためです。

なんでもかんでも会社のため、という考え方に抵抗を感じるかもしれません。しかし、会社は別の義務を負っています。会社は従業員、取引先、株主という利害関係者に貢献する義務があり、また地域社会にも貢献する必要があります。**よい会社になれば必ず結果が社員に返ってきます。**よって、自分ではなくまず会社のためと考えるのです。

そう考えれば、上司とのコミュニケーションのあり方も、変わってきます。

上司に「与えられるもの」を用意せよ

与えられることができるものは、上司に与えることです。部下の意見をすぐに受け入れようとしない上司も、「もしそれが成功したらどうなるか」を考えれば、少なからず心く

すぐられるところはあるものです。成功すれば、その上司も評価されるからです。

具申《ぐしん》する際は、「本件は会社の将来に貢献します。成功させて、我々の部署や○○さんにも喜んでいただきたいと思います」といったように**会社を思う気持ちを表しましょう。**

ただ、成功した場合よりも、失敗した場合のリスクのほうをはるかに重く心配している上司も多いでしょう。そこで、失敗した時のこともきちんと説明した上で、**「仮に失敗したとしてもみっともなくはなく、ダメージは深刻ではない」という理由も与えてあげることです。**これは現時点での最善の選択であって、万が一結果が出なくても、将来から今をかえりみるとやはり最善であったと言われるはずだ――そんなふうに、丁寧に説明することです。平たく言うと、**上司の責任にはならないということを婉曲的《えんきょくてき》に示唆《しさ》するのです。**

それと、与えるということに近いこととしてついでに紹介しますと、**議論で上司が負けたという形は決して取るべきではありません。そうではなく、「部下の無理を受け入れてくれた」という形を作るべき**です。それまで上司がＮＯと言っていたことを全面撤回させてＹＥＳに変えさせたのではなく、

「基本的にこの案件に興味を持っていただいた。これまでは部下である私の説明不足であった」

というようにします。

ここまでも何度か「小さいことは妥協すべき。皮や肉は切られてもよい」と申し上げましたが、今回も同じです。骨という大事な結果さえ獲得できるのであれば、議論で勝ったか負けたかは関係ありません。

差し上げるべきものは、気持ちよく差し上げましょう。

第4章

攻撃されないように信頼を築く

～攻撃されない部下になる究極の答えは、「信頼される人」になること～

他人の気持ちを知って、信頼を獲得しよう

究極の答えですが、攻撃されない部下になるには、上司や周りの信用を得ることが一番です。部下のスキルや仕事の進め方がまだまだ信用できないと、上司がアレコレ言うからです。

反対に、ひどい上司も部下を信頼し始めると、仕事を任せてくれるようになります。ガミガミ言わなくなり、だんだん自由にさせてくれます。

ひどい上司の言動をかわしたり、ひどい上司から逃げたりするだけでは、本当の解決にはなりません。それより信頼を得ることです。

普段から、その上司以外の周りにあなたの味方を増やしておくことも大切です。顧客や取引先からも信頼され、そういう人たちにも味方になってもらうことです。

ところが、信頼できない人にはなかなか味方が増えません。**信頼を得ることは、たやすいことでもなく、また時間がかかる**ことであるのを十分理解しておいていただきたいと思

います。

近代資本主義の父・渋沢栄一は、「信用は実に資本であって、商売繁盛の根底である」という名言を残しました。信用というものは、会社の大きな資産であり、商売繁盛の基本であるとし、信用は会社にも必要であるが、個人に対しても同じぐらい大切であるとしています。

信頼を得るには、人に対する思いやりを持つことが必要です。自分のことだけを考えているようでは、周りの人から信用を得ることは難しい。

例えば、「自分にはひどい上司がいるので話を聞いてほしい」とだけ頼んでいるようでは、周りはあなたの味方になってくれるでしょうか。上司の悪いことばかり並べ立てて不平を言っているだけで、果たして周りの人があなたのことを信頼してくれるでしょうか。事情を聞いてくれる人や同情してくれる人はいるかもしれませんが、心底あなたの味方になってくれるでしょうか。下手をすると、人の悪口ばかり言う情けないヤツと思われかねません。

「利他」とは、他人に利益を与えること、すなわち他人にとってメリットのあることをすること。その反対が「利己」であり、自分にメリットのあることばかりを考えたり行動したりすることです。

相手のことを考えて、相手の役に立つという思いがあるから、相手も信用し始める。自分のことばかりでは、誰も振り向くはずがありません。

信頼を得るには時間がかかる。でも、得られるものは大きい!

当たり前ですが、人生にお金は必要です。ただし、お金だけでは幸せになれません。お金で買えない信頼や信用も得られないと、人生は真っ暗ですし、仕事でもうまくいきません。

自分は誰も信用せず、誰からも信用されない人生なんてつまらない。嬉しいことを一緒に喜んだり、悲しみを分かち合ったり、いい人生にはいい友だちが必要です。そこには信頼関係がないと成り立ちません。会社の上下関係も同じです。

ぜひ覚えておいていただきたいのは、**信頼される人になるには時間がかかる**ということです。

世の中が便利になって、物事を調べるのもネットで短時間でできるようになりました。文書で交信するには、昔は手紙か電報しかなかったものが、メールやＳＮＳなどで瞬時にできるようになりました。しかし、世界がどんなに便利になっても、瞬時に人様から信頼を得ることはできません。

私は、**信頼は積み木のようなものだと思います。心を静めて、慎重に時間をかけないと高く積むことはできません。**ここでいう積み木とは、小さなことの積み重ねです。時間を守る、口約束を守る、やると言ったことを最後までやる、人が見ていても見ていなくてもやるべきことをやる、など**凡事《ぼんじ》を徹底することです。**小さなことの積み重ねが、やがて大きな成果や発展に結びつくことを「積小為大《せきしょういだい》」と言います。

しかし、**積み木が崩れる時は一瞬です。**失敗は誰でもするものであり、それは悪くありません。失敗は人間の成長を加速させるともいえます。しかし、**人の信頼を失うような失敗はなんとしても避けねばなりません。**

「誠実に接して、失敗した」「不誠実であったが、ラッキーで成功した」の2択であれば、前者であっても構わないのです。それは、人の信頼を得ることが大事であるからです。

「広く社内外から信頼を得ている」と上司がわかると、ひどい上司も部下に一目置くことになります。ひどい上司を持っている時は、しんどいでしょうが、信用を高めるよい機会であると考えることもできます。

40万年も前から人類が世界中にいるのに、同じ時代を生き、同じ場所に生き、ましてや同じ会社にいるというのは、奇跡みたいなものです。私は、すべての人を信じよとは決して言いませんが、こんな奇跡みたいな職場であるからこそ、上司は部下をまず自分のほうから信じるべきだと思います。

部下は、自分の上司が自分を信じているかどうか、即座に見抜きます。何かやろうとした時に「ちょっと待った」と上司の声がかかった瞬間に悟るものです。

先に紹介させていただいた渋沢栄一はこう言いました。

「自分が他人を信用せずに、自分を信用せよとは虫のいい話だ」

高い志を持て。会社や社会のための仕事を継続するエネルギーになるから

私が後輩に伝えている一番大切なことは、高い志を持つことです。**いい仕事をするにも仕事のできる人になるにも、信頼を得るためにも、志を高く持つことが必要**です。

何のために働くのかをしっかり考えるべきです。今日の食べ物を買うために働くというのでは、志が低すぎます。目先のことだけではなく、もっと長い自分の将来を考えていただきたいと思います。10年後、20年後を考えるべきです。

また、**自分のことだけを考えるのではなく、周りの人、同僚、顧客、会社や社会などに貢献できるような、大きな志を持っていただきたいと思います。**

イソップ寓話《ぐうわ》に『3人のレンガ職人』という話があります。ある旅人が、道端で同じ仕事をしている3人の職人に尋ねました。

「あなたは、何をしているのですか？」

1人目の職人は、「見ての通り。レンガを積んでいるんだよ」と答えました。

その先で仕事をしている2人目の職人は、「強い頑丈な壁を作っているんだよ。この仕事で家族を養っているのさ」と明るく答えました。

3人目の職人は、「町中の人が喜ぶ教会を建てているのさ。私が死んだ後もこの教会で皆が祈っている姿が目に浮かぶよ」とニコニコしながら胸を張って答えました。

誰の志が一番高いか、明らかですね。1人目の職人は、仕事の意味を見出していません。2人目は、一家の生計を立てるという目的を一応はわかっています。3人目は、最も大きな志を持っています。おそらく、一番いい仕事をするでしょう。スキルも一番上がるでしょう。雨が降っても風が吹いても、不屈の精神でやりぬくことでしょう。

毎日の仕事を終えた時、また教会の建設が完成した時に、3人のうちで誰が一番自分の仕事に満足感や充実感を持つでしょうか。

今日の金を稼ぐために働くのではなく、志を持って仕事を通しながら組織や周りの人に貢献し、顧客から感謝されるようになりたいものです。また、将来は部下を育て、後輩からも尊敬される人物となっていただきたいと思います。そういう人は、組織ばかりではなく、社会にも貢献できる人です。

ジョン・F・ケネディという米国大統領は、1960年代に「人間を月に送る」というプロジェクトを成し遂げました。当時NASAで働いていた掃除夫が、NASAにやってきたケネディに胸を張ってこう言ったそうです。

「大統領、私は人間を月に送るプロジェクトのために働いています」

格差社会の米国では、掃除夫はいわば一番下の仕事です。しかし、単に掃除をしているのではなく、人間を月に送るプロジェクトの一員であるという高い志を持っています。

この話はフェイスブックのCEO・ザッカーバーグ氏が、2017年にハーバード大学の卒業式で行った講演で紹介されています。ユーチューブでも紹介されていますので、興味のある方はご覧ください。

このように、志を高く持つことが、仕事ができ、信頼され、充実したいい人生を送れる第一歩なのです。

自責と他責の違いを明確にし、自責で行動することで信頼はより強固になる

自分の責任をしっかりと理解していない上司がいます。困ったものです。こういう言い訳をしている上司もいます。

「取引先の担当者が悪いから、自分の仕事がうまくいかない」

「仕事の環境が厳しいから、売り上げ目標を達成できない」

無意識に出てくる言葉なのでしょうが、これらはうまくいかない理由を他に転嫁しています。つまり、自責（自分の責任）としないで、他責（人のせいにする）としているだけで、言い訳をしていることと同じです。

そうではなくて、**自分のどこが悪くて、自分に何が不足しているのかをよく考えてみる必要があります。**

自責と他責を区別せずに混同している人が大勢います。人間は本来自分に優しく、他人に厳しいものです。それは自分が一番かわいいからです。したがって、自分にとって一番

都合のいいように考えてしまいます。しかし、会社の人間がすべてそんなふうに考えていたら、収拾がつかなくなります。

問題解決に取り組む場合や会社改善に関する議論を行う時には、真の問題を把握することがまず必要です。なぜ現状がそうなっているかということを繰り返し自問し、議論します。

その際に、他人や他社などの問題要因をすらすら列挙できても、自分の仲間や自分自身の問題要因は挙げにくいものです。そうではなくて、他責も自責も両面から考える必要があります。

普段から、仕事を含めた多くの事柄に自責と他責の区別をつける習慣をつけておくと、言い訳めいた言葉が少なくなり、人から好感を持たれます。自分のできていないことを素直に相手に伝えるのですから、相手からは「非常に正直な人だ」との好印象を持たれ、信頼感が非常に高くなります。

逆に、自責と他責をいつも混同している人は、言い訳ばかりしているような印象を与え、他人から信頼を得ることができません。

他人と厳しい議論をする場合は、自責は自責として認める覚悟が大切です。こちらがまず自責を認めることによって、相手からも自責を引き出すことができます。

つまり、**ひどい上司に自らの間違いを自覚してもらうためには、まずはこちらの自責を表現する、ということです。これは、実際の戦いにおいて有効な方法です。**

自分が悪いのではなく、悪いのは自分以外と思いたくなるのが人間です。「景気が悪いので儲からない」「雨が降っていたので、今日の売上げが悪かった」「こっちはしっかり説明しているのに、客先が聞いていない」などの話は山ほどあります。こういうのは他責で考えている状態です。

「景気は悪いが儲けている会社もある。自社の何が悪いのか」「雨でもあの店は繁盛している。自分の店のどこがいけないのか」「本当に自分は、相手がわかるようにしっかりと説明しているか」と、自責で考えるべきです。

PDCA（plan, do, check, action）を回せといいますが、ここにも落とし穴があります。いい計画を実行しても、チェックする時点で物事を他責だけで考えると、次の正しいアクションにつながりません。

自分のやっている一連の動作は正しく、うまくいかないのは外部要因のせいであるとすれば、いつまで経っても自分の動作がよくなりません。

私が小売業の責任者として苦労していた頃、ある人からこう言われました。

「好景気とは80％の会社が儲け、20％が儲からない。不景気とは80％の会社が儲からないが、20％は儲けている。景気不景気にかかわらず儲けている会社は必ずある」

他責の言い訳を許さぬ一言でした。

自責でモノを考えないと「自分に甘い人」と思われます。いつも自分に都合よく考えたり行動していては、人様から信頼を得られません。顧客や上司、部下からもいい加減なヤツと思われることでしょう。利己主義と思われ、言い訳ばかり言っていると思われます。

失敗をしたことのない人などいません。私は、講演や研修の機会にこれまで3000人以上の人に聞いてきました。高校生ぐらい若い人に、「生まれてこのかた失敗したことのない人、手を挙げてください」と言っても、挙手する人は1人もいません。もちろん、私も失敗だらけの人生です。

自分の失敗を失敗とし、責任を自分の責任と言い切り、反省する必要があります。それで初めて人から信頼され、頼りにされるのです。

仕事はもちろん、遊びこそ時間厳守！

信頼される基本は、時間厳守です。社会人としての基本中の基本ですが、出社時刻や会議、アポイントに遅れる人、**約束の時間に遅れる人は、どんな理由があろうとも、信頼される人にはなれません。**

企業再生で有名な日本電産の永守重信社長は、会社再生の第一歩は、全社員が定時の15分前に出社し、業務スタート時からエンジン全開で取り組める体制にすることだと語っています。これは、何事も基本を守るのが大切であることを示しています。社外のアポイントはもちろん、社内会議においても定刻の5分前に到着するよう心掛けたいものです。

信頼される人になるには、飲み会や遊びの約束も当然、時間厳守です。**「仕事が忙しくて」というのは言い訳であり、そう言って遅刻してくる人は、自分で自分の時間をマネジメントできないことを白状しているようなものです。**たいへん格好悪いことです。

あなたはだいたいの時間に行くほうですか？　それとも絶対に時間に遅れない人ですか？　この2つの間には雲泥の差があります。時間厳守を常に心掛けていれば、自分のスケジュール管理自体がこれまでとは変わってきます。**あなただけでなく、周りの人も時間を守るようになる**ものなのです。

逆に、あなたがいつも10分遅れ、20分遅れで到着していれば、相手もそれを想定して、遅れて来ることになります。「あの人はいつも遅れる人だから」と思われ、信頼されません。

仕事を優先するという考え方もあるかもしれませんが、大切な別の約束が以前から決まっていれば、たとえその約束が遊びであっても、定時になったら、即刻会社を出るくらいは誰にでもできるはずです。外回りの多い営業マンは別として、1日のうち7、8時間は会社にいるのでしょうから、時間内にその日の仕事を終わらせればいいのです。

会社にいる時間内で仕事を終えられないと思ったら、その日は普段より早く出社するなり、昼休みを仕事に充てるなりで、解決できます。多分、いつも遅くまで仕事をしている人は、周りを気にして早く出られないだけではないでしょうか。そのような時は、キョロキョロせずに、「大事な用事があるので今日は失礼します」と言って退社すればいいのです。

客先から信用されていることは、言うまでもなく、自分にとって非常に大切なことです。**客先から感謝されていれば、当然社内でも評価されることになり、同時にそれがひどい上司から身を守ることにも通じます。**

社外からの信頼を高めるためには何が必要でしょうか。

私は、**顧客が見るポイントは実はわずかしかないと思います。**

- **時間厳守**
- **礼儀正しい**
- **明るく前向きに相手の課題・問題に取り組む**
- **やると言ったことは必ずやる姿勢を持っている**

予定は来たもの順に約束し、絶対に変更するな

私が若かりし頃の話です。アポイントを変更しようとしていた私の電話を横で聞いていた上司から、一喝されました。

「どうせ女から電話があって、アポイントを調整してるんだろ。情けないヤツだ」

図星でした……。

私が尊敬している3人のメンターには、共通点があります。その人たちは、いったん予定を決めたら、お通夜などよほどのことでもない限り、アポイントを変更しないのです。新入社員から飲みに連れて行ってほしいと言われたとしても、一度それを受けたら、その後どんなに心をそそられる誘いがあったとしても、「申し訳ないが、先約あり」と言って断ってしまうのです。

"First come, first served." という言葉があります。早く来たものから順に対応するという意味です。カフェテリアなどでは先に列に並んだ人の順に、食べ物が提供されます。

転じて、「来た順番に約束を入れる」というたいへんシンプルなものです。**大切なのは、その後から魅力的な話があっても、決して約束を変えないことです。**

“First come, first served.”を常としている人は、周りの人からも信頼されます。ですから、誰と会う約束が重要かと考えるのではなく、単に来たもの順に、約束するのです。

後でずっと偉い人が強引に言っても、「NO」と断るのです。反対に、新入社員でも先々のスケジュールを押さえてくれます。おまけに一旦受けてくれたら、ドタキャンはありません。

予定をむやみに変更しないことは、物事を計画通りに進めるという実行力の表れであり、予定を変更しない安定感は、周りの人の信頼を勝ち取ることにつながります。

最近、フェイスブックではいろんなイベントを紹介しており、ギリギリまでどれに行くかを決めない人が結構います。一番おもしろそうなものに行きたい気持ちもわかるのですが、いつまでも相手を引っ張ることとなり、いずれ信頼を失います。お誘いがあったら、サッサと決めて、それ以降は先約ありとして断る勇気がほしいものです。

“First come, first served.”を覚えていてください。

信頼されるには、行動に移せている人となれ

言うだけではダメで、行動しないと信頼されません。空手形《からてがた》はいただけません。よく、人の顔を見るたびに「今度飲みに行こう」と空手形を連発する人がいますが、これは自分の信用度を下げているだけです。自分の知り合いにも少なからずいます。「いつか」とはいえ「行こう」という以上、実行しなければいけません。

私が新人の時、大きなクリスマスパーティの席で新人は一発芸を披露せよということで、長いセリフ入りの歌を歌ったところ大受けでした。その場の一番偉い人がやってきて、「よかったよ。今度フグをご馳走する」と言われました。フグなどありつける年代ではなかったので、内心大喜びでした。

ところが、１ヶ月待てど２ヶ月待てど、お声がかからない。春近くになってきて、そろそろフグのシーズンが終わってしまうと思いました。

翌年のフグのシーズンにも何も起こりませんでした。その春、ばったり廊下でその方に

会った時、

「あのー、フグの件ずっと楽しみにしています」

と勇気を出して聞いたら、

「あれ、そんなこと言ったか？　じゃあ、とりあえずソバでも行こう」

と言われました。結論としては、「ソバ」にも行かずじまいでした。

以来、その方のことはまったく信用しなくなりました。


「言行一致《げんこういっち》」という言葉があります。文字通り、「言うこと」と「行うこと」を一致させているという意味です。

さらに「知行合一《ちこうごういつ》」という言葉があります。近い内容なのですが、もう少し強い。「知っていることと行動を同じにせよ。行動しないと知っていることにはならない」という意味です。

知行合一、ぜひ徹底してください。これこそ、時間がかかる信頼獲得において時間短縮をしてくれる、強い味方となるのですから。

第5章

丸腰で戦うのはアホ。入念な準備をするのが賢い

～どうしても戦わないといけない時は、どうするか？～

会社のために戦わないと、後で信頼を失うことにもなる

これまで、ひどい上司といかに仕事を進めていくべきかを説明してきました。

本来上司がすべきこともあなたが気を利かせて、相手の努力が足りない場合でもあなたが精一杯努力して、相手がわがままでもあなたが耐えて、といった具合に。すみませんね。前より鬱憤《うっぷん》が溜まったかもしれません……。でも、そうしないと事態はよくならない一方なので、とても大事なことなのです。

しかし、あなたがいくら努力をしても変わらない上司や会社に役立たない上司を、どこまで部下が支える必要があるのでしょうか。

第1章で述べた「イヤな上司＝性格」「ダメ上司＝能力」は別にして、**意図的に困った行動をすることで会社に貢献せずにむしろ害をもたらしている「バカ上司」であれば、戦うべき時には戦わなければいけません。**

ただし、あなたは部下の身分であり、長く会社にいる人と比較するとまだまだ経験不足

です。下手に戦えば、木《こ》っ端微塵《ぱみじん》にされてしまいます。会社をよくして自分の置かれた状況を改善したいと思っていながら、**バカ上司に自分がやられてしまったら意味がありません。戦うからには必勝を目指すべきです。**

本章では、勝つためにうまく戦う方法を紹介します。

繰り返しになりますが、バカ上司の下で鬱憤が溜まっているのは痛いほどよくわかります。

しかし、鬱憤を晴らすことが目的ではなく、会社をよくすることが目的なのです。決して自分のためだけではありません。**会社のために戦うという大義がないと戦えません。なぜならば、これを間違うと、単なる生意気な小僧でしかなく、あなたの信頼も失うことになりかねません。**本気で上司を刺しに行くなら、社のために刺すのかどうかを冷静に考えることです。

仲間を増やそう。戦いが有利になるし、敗れても強力な味方が増えるから

上司と戦うには、仲間を増やしチーム戦で挑むことが基本です。単独での戦いだと、敗れた時のリスクが高すぎます。

確かに1人でとんでもない戦略策定したら、その人はヒーローです。また、単独で上司のところに行って、手段はともかく、相手を説得して帰ってくる。これも、格好いいのは間違いありません。

しかし、戦略を作るのも1人、実行するのも1人で、ひどい上司と戦って勝てるでしょうか。物わかりがよくない、聞く耳を持たない、行動力の低い上司に対して、**単騎単独で戦略を作って戦いに行くのは無謀《むぼう》**です。

私は、戦略を作るにあたっても仲間を増やし、できれば複数で実行に移すのがよいと考えます。

まずは仲間と話すことで、**戦う上でどのような大義があるか確認できます。本筋をとら**

えているのかについても、複数の頭脳で考えることができます。

次に、**どのような説明方法や戦い方が最も効果的であるかも見えてきます。簡潔で要点の漏れがない説明をする自信ができます。**

戦いの結果はどうあれ、コンセンサス作りにもつながります。同じ意見を持つ人は多ければ多いほど、今後はよくなるに決まっています。

他にもメリットはあります。上司に案件を説明する際に**「多くの仲間が同調している」ことを、上司に主張することができます。**

また、社内でこの戦いへの理解が広まることによって、**事情を知った別の上司があなたの上司に一言言ってくれる可能性も生まれてきます。**

あなたの仲間がすぐに積極的な行動に出てくれるかどうかはわかりませんが、もしあなたがバカ上司と一線を交えると、間接的に加勢してくれる可能性もあるます。あなたとバカ上司との戦いの理由を他の部署の多くの人が知っていればいるほど、多くの味方をつけていることになります。

あらかじめ、多くの人が問題点や解決策を共有しているならば、仮にあなたが上司との戦いに破れても理解を示してくれます。上司の上司が事情を調査することになれば、周りの人たちがあなたの考えを支持しているという事実によって、「彼の言うことももっともだ」「彼の上司も理解する必要がある」と判断してくれるでしょう。

仲間に相談せずに自分1人が突然言い出しても、周りがついてこないことがよくあります。

例えば、管理職になったばかりの人が、それらしく振る舞おうと力が入って、前にどんどん進む。ところが、振り返ると部下は誰もついてきておらず、逆にしらけている。人がついてこないケースの典型です。

一番いいのは、仲間と一緒に考え、一緒に行動することです。仮に知恵は出すが、戦場には向かいたくないと仲間が言えば、1人で戦場に行くしかありません。それでも、理解者がいてくれるのと、理解者を持たないのとでは雲泥の差があります。

すべてを孤軍奮闘でやるのは、いくら正しいことであってもリスクが高すぎます。まずは、自分の周りを味方につけることです。少なくとも、アイデアを練るところは、仲間を作っておきましょう。

戦うまでに、証拠を積み上げよ

仮に、あなたが上司と喧嘩をして、さらにその上の上司から別々に事情聴取をされたとしましょう。あなたはこう説明するかもしれません。

「これまでに何度も上司に改善を求めて指摘していたのですが、とうとう喧嘩になってしまいました」

他方、上司は、その上の上司にこう言うかもしれません。

「ご心配ありません。そんな指摘はこれまで受けたことはありません。彼はまだ経験が浅く、物事を悪くとらえて考え込む悪い癖があるのできちんと指導していきます。深刻な問題ではありません。どこか虫の居所でも悪かったのでしょう」

このような説明をしてお茶を濁《にご》してしまったら、あなたが負けてしまう可能性があります。

上司と喧嘩をするのですから、それ相応の信頼性が必要です。喧嘩をするのは自分の気持ちよさのためではなく、会社をよくするためであることは前に説明しました。

会社のためによかれと思ってあなたが戦っても、**結果的に、あなたの鬱憤晴らしのための勝手な行動と結論づけられたら意味がありません。あなたのほうが正しいと思われなければ、喧嘩をする意味がないのです。**

したがって、**事実の積み上げと記録が大切になります。口頭だけで改善要求をするのではなく、メールでも同じ内容を要求します。**

同時に、提案を書面にしておくことも大切です。書類には、日付を忘れないように。また、何度も上司に要求していることを自分のノートにまめにメモしておきましょう。相手は否定しても、こちらが残しておいたメモがあれば、後々役に立ちます。

すでに説明したように、提案の口頭説明も、あるいはメールの文章作成も、冷静にきちんとした形で行うことです。将来、それらが事実を積み上げた証拠になると思えば、余計な感情は抑えることができます。

上司へのメールのうち、最低1回は、その1つ上の上司にもｃｃで送信しておきます。本当はｃｃが好ましいのですが、上司が激情型であればｂｃｃでも構いません。

念のために申し上げますが、提案や意見を書面に残すのは喧嘩をする時の証拠にもなりますが、それが本来の目的ではありません。これらは普段からやっておくべき基本の動作です。

要するに、上司と一線を交える覚悟をするのであれば、このような基本がきちんとできていなければいけないということです。

戦う前に、上司の外堀を埋めよ

負けるとわかっている戦いをするのは無意味です。戦いをするからには勝つことです。豊臣秀吉《とよとみひでよし》の死後、徳川家康《とくがわいえやす》は関ヶ原の戦いで石田三成《いしだみつなり》率いる西軍に勝利しました。それでも豊臣家は一大名として大坂に残りました。大坂城は難攻不落の名城です。次に、豊臣秀頼を攻めた徳川家康は和解の条件として大坂城の外堀を埋めることを認めさせました（大坂冬の陣）。そして翌年再び戦いをして、外堀が埋められて裸同然となった大坂城を落城させました（大坂夏の陣）。

これまでに述べてきた「仲間を増やすこと」「証拠を残しておくこと」などは、バカ上司と戦う前に外堀を埋めておくということです。

粛々《しゅくしゅく》と、戦いの準備をしておくことです。繰り返しですが、会社での戦いは、あなたの意見や提案を通すためであって、バカ上司をやっつけて気持ちよくなることが目的ではありません。

したがって、**あなたの意見を他の多くの人が支持し始めたことや、書面での要請の重要性にバカ上司が気づけばそれで「勝ち」なのです。外堀を埋めた段階で気がつく上司であれば、その時点で成功です。戦わずして勝利をする理想形です。**

バカ上司が「わかった」と言ったら、さっさと戦いの囲みを解きましょう。笑顔で爽やかに何事もなかったかのように。

ただし、いくら手段を講じてもまったく気がつかないバカ上司もいれば、社長や幹部のことしか考えていないバカ上司もいます。この場合は、外堀を埋めた城を次の戦いで落城させるしかありません。

戦いを始めたら徹底的に。必要に応じて怒るのもアリ

準備ができたら、会社のために思いきり喧嘩をやればよろしい。野球のピッチャーが、投球する時に思いきり腕を振るように。

ただし、**冷静に議論で戦うのが基本です。**私は時に感情的になり、あまりうまくできなかったのですが、論理的な議論を、嫌味なく爽やかな笑顔で行うことができれば最高です。

ただし、完璧な戦いでなくても、仕方ありません。会社のために戦っているのですから、多少の脱線や失敗はよしとしましょう。冷静な議論のつもりが熱い議論となってしまっても、先にも申し上げたように**「主語は自分ではなくて会社である」ことを忘れさえしなければ、それもよい**でしょう。

戦っている時は、一心不乱に自分の主張をすることです。その際、大切なことを言い漏らさないように、箇条書きのメモを手元に持っておくべきです。問題点を絞り込んで、何を言いたいのかをはっきりさせましょう。

戦っているのですから、**バカ上司がこちらの話をさえぎってきても、「最後まで聞いてください」と言い切って押し切ること。いつもの雰囲気とは違うのだ、ということを明確に示す必要があります。**

また、相手が言い訳をして逃げるようであれば、「私が真剣に意見を述べているのに、なぜ聞いてくれないのですか」などと、言葉で強く迫るしかありません。

そして、あなたがこれだけ頑張っているにもかかわらず、**相手が薄ら笑いなどをしているのであれば、怒って構いません。**声を荒げて、「怒っているのだ」というメッセージを相手に伝えなければなりません。こんな状況でもニコニコ顔で対応していたら迫力がありません。戦いをやるのなら、徹底的に思いきりやりましょう。

上司の上司への直訴。これだけで戦いに勝てる時もある

バカ上司と直接喧嘩をするのではなくて、その1つ上の上司に直訴することも一策ではあります。バカ上司の上司には、あなたがバカ上司について悩んでいることを早い段階で

知らせておくことです。

バカ上司のいない飲みの席などがあれば一番でしょうが、そういう機会がなければ、立ち話でも構いません。

「あのー……」

「どうした？　元気ないなあ」

「……、ちょっと悩んでいます」

「んん、何かあるのか？」

といった感じで切り出せばよく、あくまで上司の上司があなたに聞いたという形とすることです。

そして、**説明する際には、上司のいいところを（無理にでも）言い、困っている点も冷静に言う。そして、解決策を言い、それが組織にとってメリットがあることも付け加えることです。**

直訴をすると、上司の上司は、バカ上司から何らかのヒアリングをするでしょう。

結果、バカ上司はあなたが直訴したのを知ることになります。バカ上司の立場からすると、部下にタレ込みをされたということになります。当然のことながら、自分のいないところで直訴されたわけですから、バカ上司は、あなたがどのように上司の上司に説明したかわからず、疑心暗鬼に陥ります。

上司の上司から言われて、自分を改めようとバカ上司がもし思ってくれれば、儲けもの。それでも改めないなら、やはり戦うしかありません。とはいっても、上司の上司への情報伝達は終わっていますから有利に戦えます。

喧嘩は証人のいる前でやれ

上司と喧嘩をするなら、証人がいる前でやるべきです。上司とあなたと2人だけで（例えば他に誰もいない会議室で）喧嘩をすることは、絶対に避けましょう。

私が入社2年目の頃、まだ会社生活の右も左もわからない時期でしたが、当時の係長と意見が合わずにぶつかってしまいました。ぶつかっていた打ち合わせ机の横をたまたま通りかかった課長が後で私を呼び出して、その経緯を聞いてくれました。私の主張に賛同してくれたのですが、その後で、

「大事なことを言っておく。喧嘩をするなら誰か他の人がいる前でやれ」と教えられました。

「第三者がいない場所で喧嘩をすれば、部下に勝ち目はないと思え」との貴重な教えでした。

上司（係長）はその上司（課長）と話す機会が多いものの、平社員と課長が直接話す機会はそれほどありません。なんだかんだと係長は課長に説明できますが、平社員はそういう機会は断然少ないのです。

また、入社10年目で海外勤務をしていた時のことです。ある案件で支店長に何度も書面や口頭で提案したのですが、まったく聞く耳を持ってくれません。

それどころか、話の途中で怒り出し、怒鳴り散らし、「文句あるのか」「おれが誰なのかわかってモノを言っているのか」と相手を威嚇《いかく》するパターンの人間だったのです。その一方で、自分の上司にはずいぶん気を遣う人でした。上ばかり見ている「ヒラメ」の典型です。周りの社員も閉口していました。

ある時、東京本社から１人の役員が出張でその海外支店に立ち寄ったので、支店長宅で社内関係者を集めての歓迎食事会となりました。結論を言いますと、私はその場で支店長と大口論をやってしまいました。

いえ、正確に言うと、初めから「今日は徹底的に喧嘩してやる」と決めていて、それを粛々と実行したのです。昔先輩から教えられた通りに、第三者がいる前でやりました。酒を飲んでいたら、「酔っ払い」であったとも言われかねないので、その日は酒には手をつけずシラフでいました。こちらはクビ覚悟でしたが、結果的には首尾よくいって問題解決となりました。

もっとも、あまり大勢の前で喧嘩をするのは相手を人前で傷つけることになるので考えものですが、少なくとも、第三者がいる場面であることを確認してください。

戦いには証拠も証人も必要です。

肉を切らせて骨を断て

先に「どちらでもいいようなことは、普段から上司に合わせればよい」と申し上げました。**上司と戦う時にもこれが大切です。どうでもよいことは、相手に譲り、大切なところ**

は獲得しましょう。

戦いの最中には、その上司からあらゆる反論が返ってくることが予想されます。あなたの主張する問題に直接反論もするでしょうが、まったく問題とは関係のないことや非論理的なことを言い出すことも十分に考えられます。場合によっては、あなたの過去の失敗を引き合いに出して、目の前の提案を却下するかもしれません。

仮に、相手があなたの過去の失敗を引き合いに出してきても、それについて議論したり、それを否定したりすることに意識を向けてはいけません。同様に、過去の失敗を引き合いに出されて今の提案に疑問を投げかけられたとしても、考え込んでしまってはいけません。

過去の失敗や未熟さと今の戦いとは、まったく関係がないからです。**過去の失敗など、「その通りです」とあっさり認めてしまえばいいだけのことです。**

それと、相手は、わざと問題点を理解していない振りをしているのかもしれません。関係ない話を持ち出して今の問題から逃げようとしているのかもしれません。

したがって、こちらとしては**「何が大事な話なのか」をしっかり頭に入れて、その点だけで勝利すればいいのだと割り切ることです。**

自分の皮や肉は切らせてもまったく構いません。相手の骨を叩き切ればよいことです。勝ち取るべき本丸は何であるのかを十分意識して、戦うことです。

戦う前に戦略を立てろ。準備の癖は戦い以外でも役に立つ

戦いの理想は「戦わずして勝つ」こと、負けない戦いをすることです。

有名な「孫子の兵法」では、次のように戦いの要点を説明しています。

- 戦わずに勝つことがベスト
- 自軍が敵の10倍であれば、敵を取り囲み降参させろ
- 自軍が敵の5倍であれば、戦え
- 自軍が敵の2倍であれば、敵軍を分断して戦え
- 自軍が敵より少なければ、退却せよ

また、兵法には「善《よ》く戦う者は、これを勢に求めて人に責《もと》めず」ともあります。個々の

兵の能力よりも隊全体の勢いのほうが大事である、ということです。テンションを上げて、一気呵成《いっきかせい》に戦うことが大切なのです。

兵法にある「彼を知り己を知れば百戦殆《あや》うからず」は、**自分を知り、同時に敵をよく知れ**とも言っています。

織田信長《おだのぶなが》が今川義元《いまがわよしもと》を討った桶狭間《おけはざま》の戦いは、相手の隙《すき》を狙った奇襲戦法でした。休息を取っている今川軍に対して、義元の首を取ることだけに**一点集中して攻めかかった**のです。今川軍は4万人、信長軍は3000人といわれていますが、織田軍の勝利に終わります。

要するに、**どのように戦うのかを前もって考えておけということです。何も準備をしないで丸腰で戦っても戦果は知れています。**

- 自分の意見は会社理念や行動規範に沿っているか確認しておく
- 戦う大義はあるか確認しておく
- 戦いの前に誰を味方につけておくか考えておく
- 証拠は十分残したかも確認しておく

・どこを譲ってどこを死守するかも考えておく
・何から話し始めるのかを決めておく
・どのタイミングで本論にもっていくのかを考えておく
・予想でき得る相手からの反論を想定しておく

戦いに限った話ではありません。交渉においても、準備が一番大事です。外国のビジネスマンは小さい時から学校で自発的に発言するような教育を受けており、ゆえにプレゼン能力が高いといわれています。しかし、それだけではなく、彼らは交渉前にしっかりと準備をしているのです。

昔、カリフォルニアのある大学で国際ビジネスのクラスのゲストとして招かれたことがありました。その時も「交渉は準備だ」ということが力説されていました。ひるがえって日本のビジネスの現状を考えてみると、全体に準備不足で、丸腰で戦っている場合が多いように思われます。

話を戻すと、あなたの上司のやり方はよくご存知でしょうから、どのように戦うかを常に考えておくことです。

逃げ道を作ってやれ。完膚《かんぷ》なきまで潰すことが本題ではない

あなたの提案には大義があり、論理的に正しく、会社にとって価値があるものだとしましょう。喧嘩の目的は、この提案を実現させるためのコンセンサス作りです。したがって、**それまで反対してきた上司があるきっかけで賛成に転じてくれたら、そこで喧嘩は終了です。**

それ以上喧嘩を続けて、その上司を木っ端微塵にする必要はありません。繰り返しになりますが、日頃の憂さ晴らしをして、あなたが気持ちよくなることが目的ではないからです。

「管理面でのご指摘はごもっともです。そこは修正します。ありがとうございました」

などと言って、**これ以上はもう何も追求しませんよ、というメッセージを相手に示してあげましょう。すなわち、相手に逃げ道を作ってやるのです。**

そもそも、反対から賛成に回ってくれたのですから、謙虚に感謝すべきです。自分の意

見が通ったことを心の中で喜ぶのはよいとして、**間違っても、勝ち誇った表情を上司に見せてはなりません。勝ち負けを競って喧嘩をしたわけではないのです。ここで勝ち誇った表情をしているようであれば、逆に、あなたの品格を疑われてしまいます。**

孫子の兵法でも「敵に逃げ道を作れ」と言っています。**逃げ道を閉ざしてしまうと、追い詰められた敵は思わぬ反撃をしてくるものです。**

どんなにわからず屋の上司であっても、あなたが逃げ道を作ってくれたことについては、意外と理解している場合が多いのです。また、こういった配慮は、後々、あなたがまた別の提案を同じ上司にする際にも追い風となってくれるでしょう。そのことも考慮すべきです。

戦いの経過や結果を上司の上司に報告せよ

先に「上司の上司」にあなたと上司のことをインプットしておくべきであると申し上げましたが、「戦っている」現状や結果もちゃんと報告しておくべきです。

ここでは、**戦っていることと自体を伝えることが大事です。繰り返しになっても構わないので、あなたの思うところとその理由を伝えておくことです。**なぜなら、いずれあなたの直属の上司は、1つ上の上司になんらかの形であなたとの問題を説明するからです。

あなたと上司が戦っているということについて、片方だけから事情を聞くのと、両方から聞くのとでは、上の上司にとって安心感が違います。片方からの報告しか判断材料がない場合、上の上司は、あなたがパニックに陥ったのでそのような行為に及んでしまった——などと思い込んでしまうかもしれません。

しかし、あなたからの報告があれば、2人はもめているが、あなたがあくまで冷静に戦っているのだという正確な情況を、上の上司は知ることができるのです。

また、もめている内容が（1つ上の上司にとって）**非常に些細なことであれば、戦っていることだけを伝えても構いません。**

「○○さんとぶつかってしまいました」

「○○さんにキレてしまいました」

などといったように。

私は、ある上司と実際に戦った時に、その1つ上の上司に「○○さんとサルカニ合戦をやっています」とメールで報告したことがあります。「サルカニ合戦」と表現しておけば、1つ上の上司が取り組まなくてはいけないような大きな案件ではないことや、本気で（殴り合いに発展するような）喧嘩をしているわけではないことを理解してもらえると思ったからです。

戦いをいつまでも長々とやるのは、得策ではありません。さっさと勝ち取る部分を勝ち取って、本来の仕事に戻るべきです。ただし、どんな戦いでも、経過報告や結果報告をちゃんとしておきましょう。上司から、上司の上司への変なタレコミを防ぐためにも。

もし負けたとしても完全に終わりではない

周到な準備をして戦ったのに、負けてしまったとしましょう。

しかし、**負けたからといって会社員としての生命を絶たれるわけではありません。目先の勝ち負けよりも、バカ上司に対して、いや、もっと広くいえば周囲の同僚たちに**

対して「戦う姿勢」を見せられたことを収穫と考えるべきです。周りは、あなたが「戦う人」であるという認識を強く持つでしょう。これが大事です。バカ上司があなたのことを理解しなくても、きっと周りの人間が理解してくれます。

「自分はこんなに真面目に仕事をやっているのに、誰も認めてくれない……」「自分は、どうして報われないのか……」などと悩んでいる人たちがいるかもしれませんが、決してそんなことはありません。「見ている人は、見ている」のです。

上司の言うことをいつも素直に聞く部下というのも、ある意味ではかわいいかもしれません。しかし、全部の社員がそうであれば、会社は絶対によくなりません。羊ばかりでは会社の成長はありません。また、会社のために上司と戦っている社員が疎まれたりするようなことは、本来あってはならないのです。

「戦いはしたくない」「自分だけが貧乏くじを引くのは嫌だ」などと言って腰を上げないと、何も起こりません。やるべき戦いであれば、心ある人にはその意味が伝わるものです。

第6章

会社人生を楽しむ方法

～そもそも仕事とは、上司のためではなく、自分のためにするものである～

ひどい上司が理由で会社を辞めるのは止めよう

ひどい上司は、いつの時代にもどこにでもいます。現代に限らず江戸時代にもいただろうし、日本でなくてもどの国でもいます。40代にまでなれば、ひどい上司に巡り合ったことがないという人はいないと思います。

私も何人も出会ってきましたが、社会人生活40年の中で幸いにも、**「ひどい上司がいたから自分の人生は暗かった」とはなっていません。今から振り返ると、「ああ、そんな人もいたなあ」と思う程度です。多分、人間にはいい思い出が頭に残り、嫌な思い出はだんだん忘れていくのでしょう。**

私と同年代の仲間たちも、過去のひどい上司のことをその程度にしか言っていません。そんな思い出は、むしろ「5年経ったら笑い話」となっていることが多いのです。

これを信じるかどうかはお任せしますが、少なくともこのことを知るだけでも、眼前のひどい上司に屈しない勇気が少しでも出てくれれば嬉しいです。

若手や新入社員の3割が、3年以内に会社を辞めるといいます。理由はこのようなことです。

- その会社で、人間関係に対する不満がある
- その会社で、仕事に対する自分の能力への不安がある
- その会社の将来が不安
- その会社で、自分のキャリアプランが描けそうにない

これらの中で、人間関係で辞めるというのは、ほとんどが上司とうまくいかないからだといいます。同僚や部下が嫌で辞めるという人はまずいません。

しかし、上司との関係で会社を辞めるなんてアホらしい。絶対におかしい。永遠にその上司と一緒の職場であるということもありませんから。

それに、**「他社に行けばなんとかなる」とは決してなりません。それは、他社に行ってもひどい上司がいる可能性は高いからです。つまり、これは辞める（逃げる）ことでは解決しない問題です。**

ここまでに、自分が実力をつけ、攻撃されないような部下になることを申し上げてきましたが、それをやり遂げるしかありません。ひどい上司がいるなら、まさにそれを克服する訓練をしていると思えばいいことです。

「恵まれない上司に恵まれる」という言葉を思い出していただきたいと思います。経験者として（偉そうに）申し上げますが、ひどい上司からの攻撃は誰もが体験することであり、ビジネスパーソンの研修だと思えばいいことです。シャレのきつすぎる反面教師から、学べるものは学ぶくらいの図太さで凌《しの》ぎましょう。

どんな仕事だって好きになることはできる!

若手で会社を辞めていく人の中には、自分のしている仕事は自分に向いていないという人がいます。また、今の仕事は自分がやりたい仕事ではないという人もいます。自分の好きなことが仕事になっていないという人もいます。

しかし、最初から自分が一番好きなことを仕事にしている人はどれだけいるでしょうか。確かに、音楽が好きな人で音楽を仕事にしている人、映像が好きでエンターテインメント関連の仕事についている人などは、好きなことを仕事にしているのでしょう。

ただ、この世の中で、そのような仕事に就けている人はほんの一握りであり、1％にも満たないのではないかと思います。音楽や映像会社に行っても、総務や経理に配属になって、本来好きなことが仕事になっていない人もいます。

そうではなくて、**目の前の仕事に真摯《しんし》に取り組み、自分が仕事のできる人になり、周りから評価されるようになってくるとだんだん仕事が楽しくなってきます。その結果、仕事が好きになり、好きな仕事をしていることになります。**

「仕事の喜び」とは何かを考えてみるのもいいことだと思います。

飲食店に勤務する人たちの喜びは、お客様が「美味しい、また来たい」と言ってくれることであり、小売店の人の喜びは「いい買い物ができて、ありがとう」と言ってもらえることです。

鉄鋼会社に勤める人は、鉄板が好きで自分が作った鉄板に頬《ほお》ずりしているでしょうか。

肥料を生産する会社の人は、枕元に袋に入れた肥料を置いて寝ているでしょうか。そんなことはありません。

鉄板が自動車になり、いい製品となって、人様に喜んでいただける。肥料が農家に役立ち、美味しい野菜を食べた人に喜んでもらえる。それが、仕事の喜びです。

いずれにも共通するのは、誰かに感謝されることです。

でも、感謝されないことだって構いません。105歳で亡くなった聖路加国際病院《せいるかこくさいびょういん》の日野原重明《ひのはらしげあき》先生は、このような話をされていました。

「患者には運動をするよう勧めているが、自分は忙しいのでなかなかできない。そこで、地下鉄など公共機関をできるだけ使うようにしている。地下から上がってくる時に自分は階段で行く。横のエスカレーターをちらっと見て、エスカレーターに乗る人をターゲットとする。階段を駆け上がり、ターゲットより先に上に着いたら、達成感・満足感を味わうのだ」。このように小さな喜びでも構わないのです。

どんな行動にも喜びがあります。それを発見できると楽しく働けます。しかし、発見するのは自分です。まだ仕事の喜びを発見していないなら、尊敬できる先輩と話し合ってヒ

ントをもらってみてはいかがでしょうか。

自分を高めるために
コンフォートゾーンから出る

私は、ダイバーシティや女性活躍推進の仕事もしていて、「立志塾《りっしじゅく》」という6ヶ月間のオープンセミナーを定期開催しています。管理職や幹部を目指す女性を育成するという趣旨です。

男性にもいなくはありませんが、女性の中には今の仕事から別の部署に移りたくないという人が少なからずいます。今の仕事がいいから、管理職にもなりたくない。自分がその仕事に慣れているから、他のことをしたくないという考えです。自分の居心地がいい場所、つまりコンフォートゾーンにいたいということです。

先にも申し上げましたが、いい上司に恵まれすぎていると、それがコンフォートゾーンとなってしまいます。居心地のいい上司に頼りがちになり、社内の他部署の人たちと関係構築することがおろそかになってしまいがちになります。

部署が変わることは、1つの分野だけにとらわれず、自分がステップアップできるということに他ならない。多くの会社が人事ローテーションをさせることはそれが目的です。

自分を高めるために、自分のコンフォートゾーンから出てさまざまな経験を積んでいただきたいと思います。その際に、運悪くひどい上司と巡り合うかもしれませんが、そんなことは長い社会人人生からすれば、たいしたことではありません。それより自分のステップアップのほうがはるかに大切です。

自分の就職した会社を定年まで勤め上げるのも1つの生き方であり、転職も1つの考え方です。

しかし、**転職するなら、実力をつけてからステップアップのために転職していただきたいと思います。**辛いことも含めて経験できることをたくさんした上で、そこで学べることを全部吸収した上で、胸にたくさんの勲章《くんしょう》（実力や成果）をつけて、転職してください。

自分を高めて組織に貢献すれば、結果は自分に返ってくる

ビジネスパーソンにとって、時間をどう使うかは、大きな意味を持ちます。新人から退職まで約40年あります。同じ40年間という時間を過ごすのであれば、仕事ができるビジネスパーソンとなり、組織に貢献でき、人に喜んでいただける人生としたいものです。

とはいえ、40年などはあっという間に過ぎていきます。1日1日を大切にしていただきたいと思います。確かに、ひどい上司がいれば、その瞬間は落ち込んだり、消極的になったりするのはわかります。しかし、このような場面でも日々自分がしておくべきことは、上司の質に関係なく、やっておくことです。

私がいつも研修を行う場面や実際のビジネスの場で若手に伝えていることがあります。

「自分を高めて、組織に貢献すれば、自分に結果が返ってくる」

居酒屋などに行くと、「自分の給料は安い」と嘆く声がよく聞こえてきますが、自分の

給料はいったい誰が決めるのでしょうか。

次を読む前に、少し時間を取って考えてみていただきたいと思います。

上司が査定し、人事部の作成した給料体系に基づき、役員や社長の決裁で給料の金額は決まります。ですから、上司、人事部、会社などが決めているというのは間違いではありません。しかし、本当にそれだけでしょうか。

自分が能力を高めて組織に貢献すれば、ボーナスが増えたり、早く昇進してより大きい仕事ができたりして、給料は上がります。結果が自分に返ってくるのです。**自分が自分の給料を決めているともいえるのです。**これを自分が認識し、また部下がいるなら部下にもそれを知らしめておくことです。

いい歳をした管理職でも「俺の給料が安い」と人前で言う人がいますが、格好悪いもいいところです。自分の能力がないということを自慢しているようなものです。

では、どうしたら自分を高めることができるのでしょうか。以下で見ていきましょう。

【学びの3原則　その1】仕事から学ぶ

説明能力、理解能力、分析力、計画立案力、判断力、決断力、行動力などは、会社の仕事で必要な能力です。こういうスキルはもちろん、会社で効率的に身につけることができます。

どうせ8時間ほど会社に拘束されているのなら、会社にいる間に身につけることです。自宅でビジネス書を読んでいるよりよっぽど実践的です。学びながら会社に貢献していることにもなります。

昔の人が、**「会社ではお金をもらいながら学べる」**と言いましたが、まさにその通りです。さらにいえば、**嫌々仕事をするのと、積極的に仕事をするのでは、ついてくる実力に大きな違いが出ます。**

例えば、どの会社でも客先からクレームを受けることがあります。品質や納期やサービスについて、クレームはつきものです。多くの人は、クレームが来たら逃げたがるものです。誰か別の人が担当してくれたらいいのにと思います。ひどい上司よりも避けたい場合も多いでしょう。

しかし、モノは考えようです。クレームの対処は自分を磨く一番の訓練です。クレームが発生した時には、相手の事情を素早く把握して、解決策を考えることが必要です。同時に上司や関係者に遅滞《ちたい》なく報告したり、調査したり、必要な指示を出したりする。客先にも迅速に対応しなければならないし、場合によっては、すぐに現場に出張する必要もあります。

どうせ組織の誰かがそれに対応しなければいけないなら、ここは逃げずに自分が一歩前に出ましょう。どちらも取りたがらない「三遊間のゴロ」には積極的に手を出すべきです。

なぜなら、**問題解決能力という多くの人が苦手な分野を身につけるには、クレーム処理が絶好の機会**だからです。

会社の仕事は、会社の拘束時間内に身につけることです。問題から逃げずに、慌てふためかずに、一生懸命対応すればよいことです。もちろん上司や会社にしっかり報告して、必要な指示を仰いだり、許可を取ったりしながら進めればよいことです。

仕事の時間中で、自分を効率的に高めましょう。

【学びの3原則　その2】人から学ぶ

人からも、多くを学ぶことができます。**私がお勧めする人から学ぶ効率的な方法は、メンターを見つけること**です。メンターとは「仕事や人生においての助言者・教育者」のことで、つまり「あのような人になりたい」という心の恩師です。もちろん100%完璧な人はいないので、**その人のいいところだけを学ぶという気持ちで十分**です。

同じ職場の先輩がいいでしょう。直属の上司でも別の部署でもいいですが、**自分の職場から近いところにいる人がいい**です。自分が尊敬できそうな、自分が見習いたいような人を見つけます。

見つかったら、次に、**その人をよく観察します。**会議や打ち合わせでどんな発言をしているか。お客様の電話にどのように対応しているか。上司や部下にどのように向き合っているか。緊急時にはどのように動いているかなど観察します。そして、**真似る。**「学ぶ」

の語源は「真似る」だそうですが、真似ることから学びが始まります。

私が人生で2番目に出会ったメンターは電話に出る時、多くの人と違って定年まで「○○会社の××です」としっかり自分の名前まで名乗っていました。会議の席でも発言は明快であり、わからないことは「勉強不足です」と言い、「忙しい」とは決して言わず「能力不足でバタバタしています」という言葉を使っていました。私も同じようにしました。至極《しごく》簡単です。

そのメンターはいつもポケットチーフをしていたので、私も真似をしました。ネクタイの柄もよく似たものをするようにしました。その人のノートを時々覗き込んで、同じようにしました。名刺を入れるファイルも同じものにしました。

廊下ですれ違うとちょっとした質問をしたり、「昼食に行きませんか」などと声をかけたりして、飲みに連れて行ってもらえるようにもなりました。

メンターとして尊敬したいと思える人は、そもそも人間力が高い人が多く、若手が飲みに連れて行ってほしいと言えば付き合ってくれます。

1つだけお願いしたいことは、自分がメンターにお世話になるのだったら、**将来は自分が後輩のメンターとして世話をすることです。「順送りできる」先輩にならないといけません。**

人生を効率的に生きたいと思っても、人様あっての自分です。自分だけ効率的になどと思っているようでは、たいした人生とはなりません。

【学びの3原則　その3】書物から学ぶ

これも私の持論ですが、「できる経営者や立派な人には、読書家が多い」。読書をして学ぶ姿勢を持っている人には、部下や他人や家族が尊敬の念を持ち、ついていきたいと思うものです。

読書は時間がかかると思われがちですが、実は極めて効率がよく、得るものは極めて多い。偉人・先人が苦労をして感じたことや身につけたことが1冊の本に凝縮されていて、まさに自分が経験していないことを疑似体験できるのです。

例えば、松下幸之助《まつしたこうのすけ》や本田宗一郎《ほんだそういちろう》が、思ったこと、経験したこと、方針としてきたこと。多くの経営者が師と仰ぐピーター・ドラッカーが主張していること。いまでも尊敬されている孔子や孟子をはじめとする古今東西の人物の考え方や生き方などを知ることができます。

また、**コストがたいへん安い。**それも単行本でたった1500円ぐらい。新書なら1000円しないものばかりです。1冊の中に10学ぶところがあれば、単行本でも1つあたり150円です。自分がそれを身につけ、ビジネスに活用すれば100倍、1000倍の価値を生みます。学んだことは、ビジネスだけではなく、プライベートのシーンでも応用できます。

私のお勧めする**ビジネスに役立つ読書分野は、自己啓発書、ビジネス書、歴史書（歴史小説でもOK）、伝記などです。**

スキルを効率よく高めるには、ビジネス書が最適です。ビジネス書は物事を体系的に説明しています。OJT（実際の職場で実務を通して学ぶ訓練のこと）は確かに記憶のインパクトが大きいのですが、必ずしもOJTだけですべてのビジネスフローをカバーできるとは限りません。ビジネス書を単にページ順になぞって読むのではなく、**自分の普段の仕事と比較しながら時には行ったり来たりしながら読むことが大切です。**

司馬遼太郎《しばりょうたろう》の『坂の上の雲』や『竜馬がゆく』（いずれも文春文庫）など、**変化する時代に前向きに立ち向かう若者が描かれている小説がお勧めです。これらは、自分の人間力を高めるのに役立ちます。**私の先輩のお勧めは、パール・バックの『大地』（新潮文庫）です。混沌《こんとん》とした世の中で、貧乏のどん底から懸命に這《は》い上がっていく主人公の生き方などは、とても勉強になります。

スキルが高いことも大事ですが、尊敬されるリーダーには、おもしろい、爽やか、ぶれない、懐《ふところ》が深いなど、右脳的な魅力、すなわち人間力が必要です。

ところで、かくいう私も読書が昔から得意だったわけではありません。むしろ、そんなに積極的ではありませんでした。私が38歳の時に、私の人生で3番目のメンターが、読書を勧めてくれたのがきっかけでした。

米国転勤の2ヶ月前でした。10冊ぐらいの本をドーンと私の机の上に置いて、「行くまでに読んでおくように」と言われました。経営書、情報産業業界の専門書、自己啓発書などでした。それまではただがむしゃらに働いていただけでしたが、恥ずかしながらその時、読書の大切さが初めてわかりました。本には理屈や流れ、考え方が書いてあることを発見し、それ以来、本屋さんが宝の山と見えてきました。

本を読むことは自己投資であり、自分を高める「道しるべ」でもあります。

ただ、「見るは忘却」という言葉がある通り、読むだけではすぐに忘れてしまいます。本を読んだ直後は「なるほど」と影響を受けていても、時とともに記憶は風化してしまいます。

しかし、本は自分を高める「道しるべ」でもあるので、**自分の成長に役立つ部分は節目節目で読み返す必要があります。**

ビジネス書や自己啓発書などは、学生時代の参考書と思って取り扱いましょう。自分のできていないことや本から知ったことなどにチェック印を付けたり線を引いたりするといいです。また、簡単にコメントを本に書き込むことです。そしてそのページの片隅を三角に折り込んだり、付箋《ふせん》を付けたりします。

私は、「フーン」「へえー」「ＹＥＳ」「なるほど」だとかを本に書き込んでいます。賛同できないところには「ウソー」「ホント?」「ヒドイ」などとも書き込んでいます。自分流のメモでいいのですが、単なるチェックマークより、コメントすれば、後から読み返す時に、前に自分がどう思ったかを思い出せます。

大切なことは、自分の考えや行動と本の内容とを比較をしながら読み進めることです。**時には疑問が湧いたり反対意見があったりでもいいのです。**むしろ、自分の意見や考えをしっかり見つめないといけません。

例えば、「一番になれ」という本を読んでいる時はやる気マンマンになっているけれど、次に「一番でなくてもいい」という本を読んで競争なんて嫌だと思うようでは、主体性が疑われます。全体に賛同できる本もあれば、できない本もあります。部分的に賛同できない本もあります。そういう意味からは、**一言一句すべて賛同できる本などは稀です。**

折り込みや付箋が多い書籍には、自分が初めて知ったことや自分ができていない点がたくさんあり、自分に役立つ書籍です。だから、本棚のいい場所に置いて、読み返すことです。

読み返す時は、自分が折り込みを入れたページだけを見ればいい。読み返すとおもしろいのは、なかなか人間（少なくとも、私は）悪いところがいつまでも直らないこと。本の昔の印が、それを物語っています。

人生の時間は限られており、その中で出会えて自分が読める本の数など知れたものです。日本だけでも年間約8万点の新刊本が発売されています。大型書店には毎日200点ほどの新刊本が届き、中には店員が箱を一瞬開けただけで出版社に返品されてしまう本もたくさんあるそうです。売場面積が限られているのですべての本を置けないし、そもそも、誰も年間8万冊も読むことはできません。さらに図書館に行けば、それこそ山という数の本があります。つまり、人が生きている間にすべての本を読むことなど、どうやってもできないのです。

だから、「良書を読め」と言われるのです。幕末の儒学者である佐藤一斎《さとういっさい》の言葉にも良書を読めとあります。

日本人は、とにかく新しいものに引かれがちです。新刊本が書店の大きな売り場スペースを取っていて、ついつい飛びつくこともよくあります。ドイツの哲学者、ショウペンハウエルもそう言っているので、西洋人も新刊には弱いのでしょう。

新刊の中でよい書物や継続的に売れたものだけが後世に残ります。佐藤一斎の『言志四録』（ＰＨＰ研究所など）、福沢諭吉の『学問のすゝめ』（現代語訳版はちくま新書など）、新渡戸稲造《にとべいなぞう》の『武士道』（ＰＨＰ研究所など）、内村鑑三《うちむらかんぞう》の『代表的日本人』（岩波文庫など）といったものは名著として残り、次世代が読みやすいよう多くの現代語訳が出版されています。

ビジネスパーソンの知識としては、何も難しい本を選んで読むことはないと思います。むしろ、現代語訳のほうが効率がいい。

私の友人に「『学問のすゝめ』を読んだか」と聞くと、「買った」という答えがいくつもありました。「いや、読んだのか」と聞き直すと「買っただけで読んでいない」と言います。原書を買うからです。まずは現代語訳を読んで、それでも原書が読みたければそれからにしたらいい。福沢諭吉自身が、やさしい本を読めと言っているくらいですし。

読書が上手な学者や先生は原書がよいかもしれませんが、あまり難しいものを最初から狙うのは「積《つ》ん読《どく》」となる元です。

難しい本が良書とは限りませんし、**子ども向けや漫画版でも素晴らしいものがたくさんあります。**私は、お城などに行ったら、小学生が読むような本を買ってきます。地元の研究家がしっかり調査し、小学生にもわかるような平易な文章で要点が明確に書かれています。ビジネスパーソンの知識としては、これで十分です。

奇抜なタイトルや書評などに惑わされないようにしましょう。また、帯や新聞広告のアオリがすぎるのは、どうかと思います。当たり前ですが、売れ筋が良書とは限りません。

良書は、本好きの先輩や仲間から聞けばよいと思います。私は「世田谷ビジネス塾」や「石橋読書会」という無料読書会を定期的に開催しています。このような**読書会に参加するのも、役立つ書籍を知る機会となります。**

書物から学び、自分磨きをしましょう。

ストレスはスパイスのようなものだと考える

誰から聞いたか覚えていませんが、「ストレスはスパイスみたいなもの」と言う人がいました。胡椒《こしょう》や唐辛子のようなスパイスもたくさんかけすぎると食べられないが、スパイスがないとどんな料理も味気ない。

確かに、ひどい上司は悩ましいものですが、それをストレートに取って思い悩むこともありません。むしろ、**「ストレス」として取らずに「スパイスのようなもので多少あっても大丈夫」と考えるべきかと思います。**

私はその考え方に納得して以来、(私が鈍感なのかもしれませんが)ストレスを感じることはほとんどなくなりました。私がもっと若い時にこの言葉を知っていたら、ひどい上司に悩む場面が減っていたのではないかと思い、ご紹介した次第です。

札幌農学校(現在の北海道大学)出身で「日本とアメリカの架け橋になりたい」という信条を持ち、旧5000円札の絵柄となっていた新渡戸稲造の『逆境を越えてゆく者へ』(実業之日本社)という本があります。そのタイトルの通り、どうすれば逆境を超えることができるかという名著です。

もし、あなたがひどい上司に頭を悩ませていて精神的に参ってしまうかもしれないのなら、この本を読んでみてください。逆境を克服する方法が書かれています。

ストレスと感じないようにすることも大切ですが、それより自分を磨いて組織に貢献するのが仕事と考えていればいいことです。そのひどい上司1人に貢献ができなくても、組織に貢献していれば、顧客も周りの人も認めてくれます。

ひどい上司だからといって無駄な喧嘩をすることは得策ではありませんが、**そういう上司に認められなくてもいい。業務推進上、必要な報告相談をすることは大切ですが、心情的な部分は気にしないことです。**

悩みや失敗を打ち明けるのは、さまざまな効果をもたらす

それでも落ち込みそうになったらどうすればいいか。

悩みのない人や失敗したことのない人などいません。何がしか悩み、いくつかの失敗をそれぞれ経験しているものです。

ところが、自分が悩んでいることを他人に言いたくない人や、失敗の内容を他人に言いたくない人が、大勢いると思います。私もその1人で、30歳ぐらいまでは背広の上から甲冑《かっちゅう》を着ていました。

でも**本当は、人に言えないから、人に言わないから悩むのです。だから、普段から悩みや失敗を含めて自己開示しておくべき**だと私は思っています。自己開示とは、自分の弱いところ、まずいところも人に言うことです。もし、自分1人だけが悩み、自分だけが失敗をしているならとても恥ずかしいでしょうが、実際は同じようなことで悩む人なんてたくさんいるのです。堂々と自己開示をすべきです。

自己開示をすると、相手との距離がぐんと近づくので、信頼関係を築くのにもいいやり方です。普段から周りの人や気の置ける人に自己開示し、いつでも相談できるようにしておくことです。

さて、それでも悩んで落ち込むことがあるかもしれません。その時のために、次を知っておきましょう。

私のメンターが、そういう時に備えて心に留めて置くべき言葉を後世に教えてくれています。

「朝の来ない夜はない」
「夜明けが一番暗い」

ご自分がたいへん辛い経験をされた時に、この言葉を何度も自分に言って聞かせたそうです。辛い時は、この言葉を思い出してください。

もし、自分の仕事を評価してくれていないと悩んだら、**「見ている人は見ている」と言い聞かせることです。**私も20代の頃、私が悩んでいるところを見た周りの先輩たちは「見ている人は見ている」と言ってくれました。

自分の仕事が単純作業だと思えば、阪急電鉄の創始者の小林一三が言ったこの言葉を思い出してください。

「下足番になるなら日本一の下足番になれ。そうしたら誰も君を下足番にしておかない」

小さな仕事でも目の前のことをまずちゃんとやる。それがやれるようになれば、きっと周りは君を引き上げてくれるという意味です。

それでも落ち込んだら、畑村洋太郎《はたむらようたろう》の『回復力　失敗からの復活』（講談社現代新書）を読んでください。人は失敗しても、時間が経てば元気が回復してくるとあります。元気になる本です。

以上をやってもそれでもまだ落ち込んでいたら……、神社仏閣に行って祈ってくればいいのです。

これだけのことを知っていたら、まずビジネスで落ち込むことはないと思います。

自分のモチベーションを上げよう。少し背伸びした目標達成に向けて

ひどい上司がいても、それはそれ。**いかに自分のモチベーションを高く持っているかのほうが、はるかに大事**です。**モチベーションが上がればひどい上司の気になる度合いは減りますし、いい仕事ができるといいこと尽くめ**です。

まずは、会社方針を理解し（理念、価値観、行動規範など）、部署の目標をしっかり認識し、明確な自己目標を持つことです。目標が明確であると自分が注力すべきことが明確になり、迷わず目標に向かっていけます。

自分の目標を自分で設定する時（自己目標管理制度）は、会社や部署の方針と自分の方

針を一直線になるよう心掛けることです。**自己目標は、少し自分が背伸びして届くところに定めましょう。**低すぎてもモチベーションを高めることになりませんし、反対に高すぎると「できもしない目標を持つ」ことになり、結果モチベーションを下げることになります。

目標を達成した時の、満足感や達成感こそ、最大のモチベーションとなります。目標が明確でないと、満足感や達成感はなかなか感じるものではありません。

次に、**自分の役割をちゃんと理解することです。**役割や業務分担が明確でないと、十分に役割を果たしているかわからず、一方で余計なことにまで時間を使っているかもしれません。

もし自分の役割が明確でないとすれば、会議の席などで上司やその上司の前で、業務分担の明確化をしたいと申し出ることです。これはあなただけではなく、部署の人間全員にとって大切なことですから、申し出てまずいことはあり得ません。

バットを振る時は、まずはヒットを目指し、最初からホームランを狙わない。とてつもない大きなことに挑戦するより、まずはシングルヒットを打つことです。ヒットの回数を重ねることが達成感と満足感につながります。年間に12回ヒットを打つのと、年に一度だけホームランを打つのとでは、喜びの回数が違います。

周りの仲間や会社のこと、顧客のことを考えるのもモチベーションアップにつながります。自分のことだけを考える「利己」では、目指しているものが小さく、達成しても満足感が小さくなってしまいます。

反対に**他人のことを考える「利他」の気持ちを持ち合わせて、他人を幸せにするというとてつもなく大きな心を持っていると、達成感が半端なく高い。**もちろん、周りもあなたの仕事ぶりや成果を喜んでくれます。

最後に、これまでお伝えしたことと矛盾するような話になるかもしれませんが、**過度に頑張りすぎないことも大切**です。頑張りすぎると失敗が重なったりする時に、心が折れてしまうことがあるからです。

不幸にして目標達成ができなくても、次の年度というチャンスがやってきます。それに、時間と共に自分も成長していくので、同じような仕事であれば以前よりもスムーズに取り組めます。自分を追い込みすぎず、今度はうまくやるぞ！というくらいの意気込みで十分です。

そして、上司と自分と部下とが一緒に成果を出し、満足感と達成感をシェアするのが理想です。

ビジネスパーソンの幸福3か条

私は、どうすればビジネスパーソンが幸福になれるのか、いろいろ考えてきました。いろんな先輩や後輩の話を聞き、また先人や経営者の書籍をこの観点から読んでみました。

「人は働く時間が一番長いのだから、どう幸せに働くか」と言うヒルティや、人の生き方を問うアランなどの哲学者も参考になりました。日本では、陽明学の中江藤樹《なかえとうじゅ》や佐藤一斎。明治以降では、福沢諭吉、渋沢栄一、本多静六《ほんだせいろく》、武者小路実篤《むしゃのこうじさねあつ》、小林一三などが参考になりました。

結論を言います。以下の3点を心得ておけば、幸福なビジネスパーソンになれると思います。

1、志を高く持つ

志が高ければ、満足感や達成感の高い仕事や生き方ができます。志の重要性については、すでに触れました。

2、自ら一歩前に出る

自分を高めるために学んだり、いろんな人と交流をしたりと、自ら一歩前に踏み出すことです。

例えば、**職場でも毎日新しいビジネスのための小さな度量を積み重ねていくと、いつの日か新規ビジネスにつながる。**私は「田植毎日」と言っていますが、毎日必ず新規ビジネスのための田植えをする。５分あれば、やろうと思えば、電話の１本もできます。お米のように数ヶ月で実になるかどうかはわかりません。半年経っても、１年経っても実らないものもあります。しかし、これを続けていくと新しいビジネスがきっとできるのです。

利害関係のない社外の人たちとできるだけ会うのも大事。知らない人と会うのは多少の勇気も必要ですが、自ら一歩前に出て会いに行く。お酒を飲む会もいいですが、**勉強会はもっといい。**

いろんな人と会うといろんな生き方や苦労を知ることができ、自分だけが悩んでいることから解放され、幸せに感じるのではないでしょうか。

いい本に巡り合ったら、著者に感想を送るのもよし（出版社に送ると転送してくれます）。多くの場合、何らかの返事が来るものです。私はフェイスブックをやっていますので、「〜を読んだ」と一言メッセンジャーをいただけると、つながります。

スケジュールがダブっても、2つ目の約束にちょっとだけ顔を出すことはできます。億劫がらずに、一歩前に出て行動に移すなど、できることはたくさんあります。

3、何事も自分の心の持ちよう

「今日の天気がよいか悪いかは、自分の心が決める」とアランは言っています。

ある人にとっては、晴天が天気のいい日であるが、他の人にとっては曇《くも》り空がいい日かもしれない。農家にとっては、雨の日がいい日かもしれない。天気がいいか悪いかは自分の心が決めるものです。

長州藩の高杉晋作《たかすぎしんさく》の有名な辞世《じせい》の句は、これです。

「おもしろき　こともなき世を　おもしろく　すみなすものは　心なりけり」(下の句は野村望東尼《のむらもとに》という女流歌人が付け足したそうですが)

世の中がおもしろいか、おもしろくないか、それを分けているのは自分の心である。アランとまったく同じことを言っています。**目の前の仕事も辛いと思うか、楽しいと思うかは、自分の心の持ちようです。**

以上3点を心掛ければ、幸せなビジネスパーソンとなれると信じています。

おわりに

本書では、ひどい上司の対処方法に加えて、自分を高めることによってひどい上司から攻撃を受けない人となることをご紹介してきました。自分を守り、時には攻めることも大切です。それ以上に大切なのは、実力を高めて、ひどい上司がアレコレ言ってこない状況を作り出すことです。

現実は厳しく、どこの会社にもいつの時代もひどい上司がいます。反対に、スキルが高く（左脳能力）、人間力がある（右脳能力）スーパーマンのような上司は残念ながら滅多《めった》にいません。

私は、海外勤務していた3年間ほど、素晴らしい上司と素晴らしい部下に恵まれました。私の上司は、仕事ができ、その上の上司から信頼され、バランス感覚があり、部下に対しても申し分のない人物でした。その上、ゴルフもうまいし、歌もうまい。もちろん客先からは好かれていました。

私の部下の2人は、どちらも頭の回転がよく、優秀で、気が利き、こちらもまったく申し分がない。やるべき仕事は短時間でこなし、新規の提案もどんどんしてくる。飲みの席でも、楽しく愉快な人物でした。

私の30年間のサラリーマン生活で、こんなに恵まれた時はありませんでした。非の打ち所のない上司と部下に同時に恵まれました。そういう環境がとても嬉しく、至極の幸せでした。


ある時、そのメンバーで長い会議をして、その夜同じメンバーで楽しく飲み食い、歌いました。翌日も会議が続きました。多少二日酔いであったかもしれないのですが、私は、私以外の3人がポンポンポンと議論を進めていることに、自分がついていけていないことに気がつきました。

「あれっ、今、議論がどうなっているのか、よくわからない……」

私の上司と私の部下たちが、どんどん先に行ってしまって、私だけが「置いてきぼり」になっていることに、ふと気がついたのです。

「あれっ、こんなことがわからないのか⁇」

と自分が自分にびっくりしました。自分に対する疑問がフツフツと湧いてきました。

「ひょっとして私の上司から見て、私がとんでもない部下であり、私の部下からすると、私はとても出来の悪い上司かもしれない……」

そう思うと、目の前の議論など耳に入ってこず、「できない自分」に対する疑問で頭がいっぱいになりました。

その後もしばらくは落ち込みました。できすぎる上司と素晴らしい部下に挟まれるのは、こんなに大変なのかと思いました。

しかし、しばらくしてから別の部署にいる有名なおとぼけ上司を見て思いました。「上司は完璧であることを望まず、不完全でもいいとする」と。さらに、他部署の口が達者でやんちゃな若手を見て、この程度はまあいいかと思うようになりました。

ひどい上司は言ってもなかなか直らない。であれば、カリカリ頭にきていないで、まあいいかと思いましょう。悩んでいる時間があるなら、その分自分を高めて組織に貢献するほうがよいのではないでしょうか。

古川裕倫

著者略歴

古川 裕倫（ふるかわ・ひろのり）

1954年、大阪府池田市生まれ。早稲田大学商学部卒業後、三井物産株式会社に23年間勤務。その間、ロサンゼルス、ニューヨークに通算10年間駐在。2000年から07年まで株式会社ホリプロ取締役（株式会社ホリ・エンタープライズ社長兼務）を務める。2007年株式会社リンクステーション代表取締役副社長。現在、一般社団法人彩志義塾代表理事、情報技術開発株式会社社外取締役。
部下・上司関係や人材育成に精通し、「企業風土改革」「ビジネスパーソンに必要な気づき」「部下のモチベーションの上げ方」などを中心に全国で研修講師として活躍中。「先人・先輩の教えを後世に順送りする」を信条とし、一般社団法人彩志義塾主催「立志塾」や無料読書会「世田谷ビジネス塾」「堂島読書会」「石橋読書会」を定期的に開催している。
http://saishi.or.jp/
https://www.taku-an.co.jp/
著書は『コーチング以前の上司の常識「教え方」の教科書』（すばる舎）、『他社から引き抜かれる社員になれ』（ファーストプレス）、『「バカ上司」その傾向と対策』（集英社新書）、『一生働く覚悟を決めた女性たちへ』（扶桑社新書）、『あたりまえだけどなかなかできない 51歳からのルール』（明日香出版社）他多数。

SB新書　447

バカ上司の取扱説明書

2018年９月15日　初版第1刷発行

著　者　古《ふる》川《かわ》裕《ひろ》倫《のり》
発行者　小川 淳
発行所　SBクリエイティブ株式会社
〒106-0032　東京都港区六本木2-4-5
電話：03-5549-1201（営業部）
装　幀　長坂勇司（nagasaka design）
本文デザイン・DTP　荒木香樹
校　正　豊福美和子
編集担当　杉浦博道
印刷・製本　大日本印刷株式会社

落丁本、乱丁本は小社営業部にてお取り替えいたします。定価はカバーに記載されております。本書の内容に関するご質問等は、小社学芸書籍編集部まで必ず書面にてご連絡いただきますようお願いいたします。

ISBN978-4-7973-9756-7